Beweg deinen Arsch!

FRANK WILDE

vierte Auflage

Copyright © 2011 by
SANTOS Verlag
Fürstenstraße 7
82467 Garmisch-Partenkirchen
Tel. 08821/951914
info@santosverlag.de
www.santosverlag.de

Druck:
typomedia, Oberammergau

Umschlaggestaltung:
typomedia, Oberammergau
www.typomedia-schubert.de

ISBN 978-3-9813627-2-5

Vorwort

Hallo liebe Leute, als 2007 dieses Buch erschien, hätte ich noch tausend Ideen gehabt, was da alles noch so rein gehört. Aber der Verlag hat irgendwann „Stopp" gesagt. Es gibt einen Zeitpunkt, an dem Schluss ist und ein Buch in den Druck geht. Ich wollte von Anfang an ein günstiges Buch zum Verkauf anbieten, damit es sich auch wirklich jeder leisten kann, auch finanziell nicht so stark bemittelte Leute, für die es ja auch gedacht war. Doch es kam anders. Es erschien als hochwertige gebundene Version. Nachdem dieses Buch dann sensationelle Kritiken bekam, es sogar 2008 Buch der Woche im renommierten Hamburger Abendblatt wurde, keimte in mir wieder meine ursprüngliche Idee. Ich drängte meinen Verleger, mir doch diesen Titel zurück zu übertragen. Sportlich, wie er war, willigte er zögerlich, aber dann doch sehr fair ein.

So konnte ich meine anfängliche Idee in die Tat umsetzen. Mein Bruder Mario und ich gründeten den SANTOS Verlag. Ich überarbeitete meinen von mir viel geliebten Titel mit Begeisterung und suchte zu allen Themen Bilder, Briefe und Fotos aus meinem Leben zusammen. Und so halten Sie nun dieses überarbeitete Werk als Taschenbuch in Ihren Händen. Da ich sehr viel auf Reisen bin, weiß ich, wie angenehm handliche Bücher sind. Gehen Sie immer Ihren ersten Gedanken nach. Hören Sie immer auf Ihre innere Stimme und Sie liegen meistens richtig. Vielleicht muss man Umwege in Kauf nehmen, um zu lernen, aber das „Gesetz des Gelingens" ist immer auf Deiner Seite. Ich weiß, was geht und ich mache es vor. Vielleicht machst Du mit und fängst an, Deinen Arsch in die richtige Richtung zu bewegen. Wenn Sie wüssten, was Sie könnten, wenn Sie wollten? Dann passieren Dinge in Ihrem Leben, da kommen Sie nie drauf, wie einfach alles sein kann, wenn Sie es nur wirklich wollen und anpacken. Ihr Hirn hilft Ihnen auf wundersame Weise dabei. Gut gemeinte Ratschläge sind da eher hinderlich. Aber kräftige Tritte in den Arsch wirken Wunder. Und nun viel Freude bei diesem Buch und viel Erfolg beim Umkrempeln Ihres Lebens. Ich will dabei gern Dein Coach sein.

INHALTSVERZEICHNIS

1 Beweg deinen Arsch! 9

2 Wie ich meinen eigenen Arsch bewegte 14

3 Die Macht der Gedanken 35

Alles beginnt im Kopf – und zwar in deinem!................... 36
Du hast immer recht 38
Das Gesetz des Sogs... 41
Das Gesetz der Resonanz... 43
Das Gesetz von Ursache und Wirkung 45
Dein Gehirn ist ein lebender Magnet 46
Unsere Welt besteht aus Energie 48
Wie dein Gehirn schwingt... 53
Die beiden Gehirnhälften..57
Das Bauchgehirn... 58
Was ist Intelligenz?... 60
Es gibt keine Zufälle 62
Die Welt ist ein Spiegel... 66
Du schaffst dir deine Welt selbst....................................... 68
Es gibt von allem genug.. 70
Gedanken erzeugen Gefühle, Gefühle erzeugen Gedanken .. 73
Das Gehirn – die beste Apotheke der Welt 76
Hast du es geahnt?... 77
Auch Pflanzen empfangen Gedanken 79
Die Stimme der Intuition weiß es besser......................... 81
Intuitiv Entscheidungen treffen 83
Gewonnen und verloren wird zwischen den Ohren 85
Glaubenssätze – die Gedanken hinter den Gedanken 87
Werte und Regeln... 89
Wir sind zum Lernen hier 90
Probleme sind Chancen in Arbeitskleidern 93
Wer wagt, gewinnt 95

4 Es kommt alles zu dir zurück ... 97
Gedanken werden zu Worten ... 98
Worte werden zu Taten ... 99
Taten werden zu Gewohnheiten ... 100
Gewohnheiten werden zum Charakter ... 100
Der Charakter wird zum Schicksal ... 101

5 Die Zeit läuft immer schneller ... 103
Niemand kommt hier lebend raus ... 107
Die Geschichte vom Kaufmann ... 109
Verschwendung muss sein ... 111

6 Warum bewegst du deinen Arsch nicht? ... 113
Bist du noch normal? ... 113
Niemand will sich verändern ... 115
Hörst du nur auf deinen Verstand? ... 116
Was sagen deine Worte? ... 118
Hältst du fest an alten Überzeugungen? ... 122
Ratschläge sind auch Schläge ... 123
Jammern füllt keine Kammern ... 126
Wer ist schuld? ... 127
Angst – der teuerste Gast im Hirnstübchen ... 130
Schmerzen wollen durchlebt werden ... 133
Wenn du es nicht machst, macht es ein anderer. ... 135
Bist du etwa neidisch? ... 136
Machst du dir Sorgen? ... 138
Den anderen machst du es nie recht ... 139
Rücksicht auf andere ... 141
Einsam – du auch? ... 143
Wo bleibt der Genuss? ... 144
Die Macht der Gewohnheiten ... 146

7 Vom Wunsch zum Ziel ... 148
Was Wünsche von Zielen unterscheidet ... 148
Das bedingungslose *„Ja"* ... 148

Ich muss wissen, was ich will 150
Wenn es dies nicht ist, ist es etwas anderes 151
Begrenze dich nicht in deinen Zielen................................ 151
Hüte dich vor deinen Wünschen! 153
Das Als-Ob-Prinzip 153
Davor passiert ein großer Mist.. 155

8 Die sieben Schritte zum Ziel 157

1. Prüfung: Jeden Blödsinn aufschreiben 157
2. Prüfung: Will ich das wirklich?................................. 157
3. Prüfung: Steht etwas im Widerspruch? 158
4. Prüfung: Ist das Ziel zum Wohle aller,
   oder nehme ich jemandem etwas weg?................... 158
5. Prüfung: Ist das Ziel hoch genug? 159
6. Prüfung: Ist das Ziel, das du anstrebst,
   bereits in deinem Kopf bildhaft abgespeichert? 160
7. Prüfung: Ist das Ziel als bereits erreicht vorgestellt?..... 161

9 Das Ziel loslassen 162

Die Schuhkaufgeschichte... 162
1. Akzeptiere, wo du stehst!.. 163
2. Denk nicht an den Weg!.. 164
3. Vergiss es! 164
Das nächste Ziel 165

10 Wie man sich und andere bei der Arbeit gut führt... 168

Glücklich durch Aufgaben 169
Geld verdienen 171
Arbeite mit Freude 172
Bewerbe dich – aber nicht wie alle..................................... 175
Arbeit ist eine Holschuld und keine Bringschuld 177
Lieben dich deine Mitarbeiter? 179
Der Fisch fängt am Kopf an zu stinken............................. 181
Frauenmacht auf dem Vormarsch 183

Warum Frauen besser führen können 184
Erlernte Unfähigkeit... 187
Spiel die Botschaft über Bande 188
Kündigen – warum nicht? 190
Wenn es dir gut geht, geht es auch der Firma gut 190
Gekündigt – na und? 192
Mobbing – alles kommt zu dir zurück! 193
Burnout – was du dagegen tun kannst 194
Konflikte lösen 195

11 Dein Körper gehört dir 197

Placebo – die Einbildung heilt 198
Der Körper denkt in Hautausschlägen 201
Nimm mal was Gutes zu dir 204
Hast du den richtigen Arzt? 206
Na, Alterchen 207
Bewegst du dich auch schön? 208
Heute schon gelacht? 209
Das Kraftwerk in dir. 211

12 Was machst du als nächstes? 213

Kopf hoch! 213
Bloß nicht schwächeln! 214
Lächeln! Lächeln! Lächeln! 215
Sei doch mal ehrlich! 216
Bleib immer sauber! 217
Komm bloß pünktlich! 218
Zieh dich gut an! 219
Cool bleiben! 220
Sag einfach Danke! 222
Sei einfach freundlich! 223
Gib mit Freude! 223

Wie wild ist der Frank? 225

Literaturverzeichnis 226

Produkte und Fotos von Frank Wilde .... 227 - 264

1 Beweg deinen Arsch!

Du gehst in eine Buchhandlung und nimmst irgendein Buch zur Hand, schlägst es irgendwo auf, liest ein paar Zeilen und gehst zur Kasse. Drei Wochen später taucht eine wichtige Frage in deinem Leben auf, bei der dir schlagartig dieses Buch einfällt. Du gehst zum Regal, liest irgendwo los und kriegst genau die passende Antwort auf deine Frage. Kennst du das?

Immer wenn wir Antworten brauchen, bekommen wir sie in Form von Menschen, Krankheiten, Schicksalsschlägen oder merkwürdigen Situationen. Aber auch in Form von Büchern und Tipps, Fügungen und merkwürdigen Zufällen. Und jetzt liegt dieses Buch vor dir – war der Titel etwa nicht abschreckend genug?

Bist du bereit für ein paar Erkenntnisblitze, die dich weiter bringen? Wünschst du dir auch, ein klein wenig mehr Elan zu haben, aus der Routine deines eingefahrenen Lebens auszubrechen und neue Wege zu beschreiten, die dich deinen großen Zielen näher bringen? Oder fragst du dich etwa: Was für Ziele? Ist das Maß deiner Leiden noch so erträglich, dass du wie gehabt weitermachen kannst? Ich bin sicher: manchen ist der Titel schon zu heftig. Die würden das Buch nur mit der Kneifzange anfassen. Gerade die haben es aber am nötigsten!

Jetzt geht es um dich, um alles, worüber du ungern sprichst, obwohl vielleicht etwas dran sein könnte. Es geht um deine Leichen im Keller, um deine Bequemlichkeit und deinen Drang, vor dir selbst davon zu laufen – und um die

Gründe, warum es sich lohnt, die eigene Haltung zu ändern. Denn im Grunde willst du das doch, denn so wie bisher kann es nicht weitergehen mit dir.

Seinen Arsch zu bewegen, muss nicht heißen, wie eine wilde Maus durch die Gegend zu laufen und sich von einer Aktion in die andere zu stürzen. Es kann auch heißen, sich innerlich zu bewegen, seine Haltung und seine Sichtweise der Dinge zu ändern.

Es ist ja auch kein Geheimnis, dass der Mensch ein Gewohnheitstier ist und dazu tendiert, die Dinge so zu belassen, wie sie sind. Deshalb benötigt es hin und wieder eines Impulses, der uns Feuer unter'm Hintern macht, damit wir uns weiterentwickeln und endlich wieder in die Pötte kommen. Als Erfolgstrainer ist es meine Aufgabe, genau dies zu tun. Ich bin sozusagen ein *Impulsgeber*.

Jetzt erzähl mir nicht: *„Hab ich das nötig? Ich, der Größte unter der Sonne, der Meister des Universums, der Satteste unter den Hungrigen?"*

Gerade du hast es nötig. Wenn du erfolgreich bist im Leben, brauchst du Hilfe von außen – jemand, der dich versteht und dich begleitet in deinen inneren und äußeren Kämpfen. Das wissen alle Großen dieser Welt, egal, ob sie Boris Becker oder Josef Ackermann heißen, und suchen sich einen Coach oder Trainer. Dann können sie von Glück reden, wenn sie an einen Mann oder eine Frau geraten, der oder die sich aus taktischer Rücksichtnahme nicht davor drückt, auch unbequeme Wahrheiten an den Mann oder die Frau zu bringen.

„Wer die Wahrheit sagt, braucht ein schnelles Pferd."
(Chinesisches Sprichwort)

Als Mental- und Erfolgstrainer werde ich eingeladen, um den Kunden, deren Mitarbeitern, und neuerdings auch Schülern und Lehrern die Wahrheit ungeschminkt ins Gesicht zu blasen, damit Bewegung in eine festgefahrene Situation kommt und sich somit auch wieder neuer oder vermehrter Erfolg einstellt.

Natürlich tut die Wahrheit manchmal weh – so ist das eben – und der Bote kassiert schnell mal Prügel. Doch die Gefahr juckt mich nicht – solange ich weiß, dass meine Botschaft bei den meisten richtig gut ankommt.

Der Hunger nach Autorität ist tatsächlich riesengroß – egal ob bei Managern oder Schülern. Deshalb hören sie auch auf mich und andere Vertreter meiner Zunft.

Keineswegs sage ich: *„Du musst nur alles positiv sehen, dann wird alles gut."* Natürlich bist du frei, es negativ zu sehen. Wir alle nutzen diese Freiheit reichlich. Die Sache ist nur: Alles macht sich bezahlt, das eine mit Verlust, Schmerzen und Schicksalsschlägen, das andere mit Erfolg, Reichtum, Gesundheit und Glück.

Wenn du versuchst, einhundert Prozent positiv zu werden, erreichst du nur eins: Du wirst krank. Warum? Weil es einfach nicht geht. Ein Rest des Negativen bleibt immer, und je kleiner er ist, desto größer bläht er sich in deiner Wahrnehmung und Empfindung auf. Positives ohne Negatives ist wie Tage ohne Nächte, Fressen ohne Ende, plus ohne minus.

Wir können nicht verhindern, die Dinge auch mal negativ zu sehen, aber wir können verhindern, dass aus dieser Negativsicht eine Gewohnheit wird. Wir leben in der Welt der Gegensätze, die aneinander wachsen, sich voneinander abstoßen und sich durcheinander aufheben. Wo Licht ist, findet sich auch Schatten. So ist es in der polaren Welt. Es liegt an dir – genauer gesagt: an dem, was du glaubst –, welchen Pol eines Gegensatzes du stärkst.

Mit meinem geschärften Blick für blockierte Situationen und ungenutzte Chancen ist mir jedoch nicht entgangen, dass auch in meinem Heimatland einiges im argen ist.

Unser Land hat sicherlich keine einfache Vergangenheit, doch ist das kein Grund, vor dem Jetzt die Augen zu verschließen.

Egal wo du oder deine Eltern geboren sind – jetzt bist du hier, und du *bist* Deutschland, wenn du hier über längere Zeit lebst und die Werte gut findest, die für dieses Land stehen. Wir sind ein Volk, weil wir uns gemeinsamen kulturellen Werten zugehörig fühlen. Dazu gehören Ehrlichkeit, Fleiß und Pünktlichkeit ebenso wie Kreativität, Toleranz und Lebensfreude.

Wir sind immer noch Vize-Exportweltmeister. Ob in Afghanistan ein Telefonnetz gebaut wird; ob man in Russland das Gas aus der Erde herausholt; ob in China ein Zug mit 440 km/h durch Shanghai rast – wer hat es gemacht? Ein Deutscher! New Orleans säuft ab! Wer muss die Stadt leer pumpen? Wir! Denn das Technische Hilfswerk hat immer noch die besten Pumpen. Wer in den USA was auf sich hält, kauft ein deutsches Auto – was sonst!

Aber wir haben noch immer ein Problem: Wir sind nicht nett, wir sind nicht freundlich und wir sind nicht herzlich. Wir sind gut, aber wir sagen es nicht. Dafür sind wir im Kleinmachen und Kritisieren ganz groß. Ob wir davon abkommen, uns selbst zu sabotieren, das wird die Zukunft zeigen.

Somit verstehe ich dieses Buch auch als politischen Beitrag, um das Selbstbewusstsein aller Menschen zu stärken und sie darin zu unterstützen, ihre persönlichen Qualitäten nicht nur zum eigenen Vorankommen, sondern auch zum Wohle ihrer Mitmenschen einzusetzen.

Lass es nicht beim Lesen bewenden. Beweg deinen Arsch – egal, wo und worin du liegst, sitzt oder stehst!

2 Wie ich meinen eigenen Arsch bewegte

Meine Mutter Manila Wilde war siebzehn Jahre jung, als sie am 25. September 1961 eineiige Zwillinge zur Welt brachte – mich, Frank, um 22:50 Uhr, und fünf Minuten später meinen heißgeliebten Bruder Mario. Unser leiblicher Vater war auf Nimmerwiedersehen verschwunden. Wir lebten in einer winzigen Wohnung in Hamburg-Mitte zwischen Gänsemarkt, Karl-Muck-Platz und dem Großneumarkt nahe der Reeperbahn.

Als wir Kinder etwa sechs waren, lernte meine Mutter den Mann kennen, den mein Bruder und ich später Papa nannten. Er war sechs Jahre älter als sie und arbeitete als Angestellter in einem Finanzamt. Da sein eigener Vater im Krieg gefallen war, war er als Waise bei seinem sehr strengen Onkel aufgewachsen, der als Major in der Wehrmacht gedient hatte.

Als Kinder standen wir den Eltern beim Ausleben ihrer eigenen Jugend öfters mal im Weg. So suchte ich schon früh nach Wegen, mir Gehör zu verschaffen. In der Schule hatte ich eine ziemlich große Klappe und stand als Klassenkasper gerne im Mittelpunkt. *„Frank stört im Unterricht"*, hieß es halbjährlich im Zeugnis. Auf meinem Hintern wurde dieser Satz mit dem Kochlöffel nachbuchstabiert. Zum Glück haben Kochlöffel eine Sollbruchstelle...

Wenn es nach meinen Lehrern gegangen wäre, hätte ich die Realschule weiter besuchen können. Aber meine Eltern wollten mich und meinen Bruder möglichst schnell in eine Lehre schicken, damit wir selbst Geld verdienten. Mehr als Hauptschulabschluss war nicht drin.

Nach dem Unterricht in der Schule gingen wir in die Kindertagesstätte, wo wir uns sehr wohl fühlten. Meine Mutter arbeitete als kaufmännische Angestellte und kam erst nachmittags nach Hause. Bis dahin hatten wir Kinder schon den Haushalt erledigt: putzen, aufräumen, abwaschen, Staub saugen – das war unser Job.

Taschengeld gab es wenig. Wenn wir Geld brauchten, tigerten wir durch die Hamburger IGA (Internationale Gartenausstellung) und sammelten Pfandflaschen in Müllsäcken, um sie anschließend in der Kneipe am Karl-Muck-Platz abzuliefern. Die Besitzerin war immer nett zu uns. Ihre Tochter wurde später, als ich neunzehn war, meine erste feste Freundin, denn wir waren schon zusammen in die 1. Klasse gegangen.

Zu Beginn der Pubertät durften mein Bruder Mario und ich für sechs Wochen zur Kur nach Rettenberg im Allgäu. Dort unterhielt die Stadt Hamburg ein Zentrum für Kinder, die zu dünn, zu dick, zu arm, minderbemittelt oder alles zusammen waren. Auf uns traf das meiste davon zu. In Rettenberg hatten wir die schönsten Wochen unserer Kindheit. Wir wollten gar nicht mehr weg. Sonntags gab es weiches Toastbrot, Carokaffee und ein Ei – und einen grandiosen Fensterblick auf die Berge. Wir genossen den Umgang mit den männlichen Erziehern, denn Jungen mögen es, wenn Männer die Gruppe führen und ihnen den Umgang mit einem Taschenmesser zeigen. Manchmal durften wir sogar neben dem Hausmeister auf dem Beifahrersitz eines Unimogs sitzen, um Heu für die Tiere einzuholen.

Mit fünfzehn war die Hauptschule beendet, da hieß es: *"Auf der Straße herumzulungern kommt nicht in Frage, such dir eine Lehrstelle."* Die Lehrstellensuche war 1976 in

Hamburg nicht leichter als heutzutage. Mein Bruder mit seinem Berufswunsch als Frisör hatte schnell was gefunden.

Mir half der forsche Auftritt. Bei Ford in der Eiffestraße spazierte ich hinein mit den Worten: *„Einen schönen guten Tag. Ich brauche eine Lehrstelle, sonst gehe ich hier nicht raus."* Das wirkte prompt, und so hatte ich neben dem Angebot einer Automechanikerlehre bald drei weitere Lehrstellen zur Auswahl: eine als Maler und zwei weitere als Verkäufer.

Ich entschied mich für den Lehrstellenplatz als Verkäufer bei Karstadt in der Mönckebergstraße. Statt mir die Finger beim Schrauben ölig zu machen, nahm ich lieber in Kauf, als Fünfzehnjähriger mit Anzug und Krawatte herumzulaufen und dabei ein bisschen komisch auszusehen. Vermutlich war ich bei Karstadt als Einziger stolz auf das Namensschild am Revers. Dafür wurde ich dann in der Kantine von den Kollegen flapsig angepflaumt: *„Mach doch mal dein Scheiß-Namensschild ab."*

Die Arbeit war eine einzige Quälerei: Wir „Stifte" mussten täglich sämtliche Spiegel in der Abteilung und in den Umkleidekabinen putzen und Anzüge abbürsten, selbst wenn es nichts zu putzen oder bürsten gab. Währenddessen standen die Herren Verkäufer in den Umkleidekabinen, soffen heimlich Apfelkorn und machten sich über ihren Arbeitgeber, ihre Vorgesetzten und vor allem die Kundschaft lustig – genau so, wie es „Der große Bellheim" des großen Dieter Wedel zeigt.

Wenn meine Kollegen nur über ihre Rechte als Arbeitnehmer sprachen – und nicht über Pflichten, war ich unangenehm berührt. Vergeblich versuchten sie, mich in die DAG-Jugend hinein zu zerren. Gegen Gewerkschaften hatte ich schon damals eine instinktive Abneigung.

Mit siebzehn hatte ich meine Verkäuferausbildung abgeschlossen. Bei einem Ausflug der Berufsschule in die Lüneburger Heide stieß ich zum ersten Mal in die große weite Welt vor. In der Folgezeit wurde ich immer aufsässiger und fand meine Eltern immer spießiger. Ihre ewige Gängelei nervte mich so sehr, dass es eines Tages fast zu einer Schlägerei zwischen mir und meinem Vater gekommen wäre.

Daraufhin landete ich auf Anordnung der Jugendfürsorge in einem Heim für schwer erziehbare Jugendliche. Da noch kein Platz im Heim frei war, durfte ich die erste Nacht im Jugendgefängnis „Hütten" verbringen. Von meinem vergitterten Fenster aus konnte ich sowohl den IGA-Park als auch die Schlafzimmerfenster meiner Eltern sehen. Komischerweise schlief ich in dieser Nacht wunderbar. Meine Zelle war „umgeschlossen", das heißt die Tür konnte nicht ins Schloss fallen. Ich sah das als Zeichen, dass die Schließer mich als jemanden ansahen, der dort eigentlich gar nichts zu suchen hat. Da dachte ich bei mir: *„Mensch Frank, du hast es ja weit gebracht."*

Am nächsten Tag, es war der 23.12.1978, einen Tag vor Weihnachten, kam ich ins Heim Winterhuder Weg. Mit anderen schwer erziehbaren Jugendlichen und den Erziehern kam ich von Anfang an sehr gut klar. Für meine siebzehn Jahre galt ich als relativ vernünftig. Statt mich zu verprügeln, fragten mich meine Mitbewohner um Rat und baten mich um Hilfe. Wenn die Polizei ins Haus kam und einen unserer Heimbewohner in Handschellen abführen wollte, weil irgend jemand ein Ding gedreht hatte, war ich oft in der Vermittlerrolle. So lernte ich in jungen Jahren, mit dem Phänomen der Jugendkriminalität umzugehen.

Meine eigene strenge Erziehung half mir jetzt, mich aus allen brenzligen Situationen raus zu halten.

Als ‚armes Heimi' genoss ich das Privileg, außerhalb der Einrichtung meine Ausbildung beenden zu können. Im Heim freundete ich mich mit einem Praktikanten namens Helmut an, der mir oft bei den Hausaufgaben für die Berufsschule half. Wenn ich vor einer Aufgabe verzweifelte, bettelte ich ihn an: *„Du weißt doch die Lösung. Sag sie mir."*

„Du musst den Knopf im Kopf selbst drücken", meinte dieser. *„Es macht keinen Sinn, etwas vorzusagen."*

Das Erfolgserlebnis war natürlich umso größer. So bestand ich die Berufsschule in der mündlichen und schriftlichen Prüfung mit Zwei und fühlte mich als der Größte. Ich hatte allen gezeigt, dass man auch unter schwierigen Verhältnissen seine Schule und Ausbildung schaffen kann. Nach der Prüfung wechselte ich in die Abteilung für Sportschuhe bei Karstadt.

Da war der Umgangston zwar lockerer, aber die Einstellung der Kollegen zum Arbeitgeber genauso fatal. Wenn die Verkäufer neue Sportschuhe brauchten, stellten sie ihre versifften Treter ins Regal und bedienten sich im Lager mit einem Paar neuen Flitzern. Natürlich ohne zu bezahlen.

Damals schon sprach eine innere Stimme in mir: *„Das kann's doch nicht gewesen sein! Ich kann doch nicht am Ende meines Lebens sagen: Ich war nur ein Verkäufer, ein Etagenbettler, ein Garderobenständer."*

Nichts gegen diese Berufsgruppe, aber ich wollte einfach mehr. Dafür war ich bereit, mich gewaltig anzustrengen. 1979 bekam mein Praktikantenfreund einen Studienplatz für Sozialpädagogik in Berlin. Er fragte mich, ob ich mitkommen wolle. Da Berlin unter uns Jugendlichen als sagenumwobene Stadt galt, verließ ich nur allzu gern Hamburg. Dass man in Berlin nicht zur Bundeswehr musste, nahm ich dabei in Kauf – denn gegen den Dienst mit der Waffe hatte ich prinzipiell nichts einzuwenden.

Einen Tag nach meinem achtzehnten Geburtstag war ich polizeilich in Berlin gemeldet und lebte zur Untermiete in einem kleinen Zimmer am Wannsee. Ich bewarb mich gleich im KaDeWe, dem besten und größten aller Berliner Kaufhäuser, und bekam auf Anhieb einen Verkäuferjob. Wieder einmal half mir meine forsche und direkte Art, auf Menschen zuzugehen.

Leider galt auch dort: mehr Schein als Sein. Zu Beginn der 80er Jahre herrschte dort ein obrigkeitshöriges Regime. Die Abteilungsleiter und ihre Stellvertreter fühlten sich wie Götter im Himmel und ließen ihren Mangel an menschlichem Einfühlungsvermögen Tag für Tag an einfachen Verkäufern und Aushilfen aus. Auch wenn sie dabei oft lächerlich wirkten, liebten sie anscheinend ihre Rolle als Kotzbrocken. Wann immer Mitarbeiter vor Kunden „rund gemacht" wurden, tobte mein Gerechtigkeitssinn – denn fast immer mussten sie Dinge ausbaden, für die sie nichts konnten.

Eines Tages klingelte das Telefon in unserer Abteilung, und ich meldete mich mit den Worten: *„Einen wunderschönen guten Tag, hier spricht Frank Wilde. Was kann ich Schönes für Sie tun?"* Mein damaliger Abteilungsleiter schrie mich vom anderen Ende der Leitung an: *„Sie sind wohl nicht ganz dicht. Melden Sie sich gefälligst anständig."*

Dabei hatte ich nur eine Höflichkeit an den Tag gelegt, die heute in jedem guten Telefonseminar vermittelt wird. Ab diesem Tag hatte mich der Abteilungsleiter auf dem Kieker. Nun wusste ich, dass ich auch hier nicht alt werden würde.

Mit 19 bezog ich meine erste eigene Wohnung in der Königsallee im Berliner Grunewald. Eine kleine Einzimmerwohnung mit Dusche auf dem Treppenhausflur. Meine erste eigene Wohnung! Sie war für mich damals viel zu teuer, aber ich war glücklich. In diesem Wohnhaus, idyllisch am Dianasee gelegen, sollte ich noch zweimal umziehen. Schräg gegenüber von uns wohnte die Familie von Harald Juhnke. Oft stand er mit seinem Schlapphut an der Bushaltestelle direkt vor seinem Haus. Beim Einkaufen am Hagenplatz war er immer sehr nett und grüßte höflich.

Eines Tages fragte mich der Bruder meines Wohnungsnachbarn:

„Warum verkaufst du mit deiner großen Klappe eigentlich keine Versicherungen?"

„Weil ich davon keine Ahnung habe"

„Das macht nichts, das lernst du bei uns."

So kündigte ich meinen Job im KaDeWe und erlernte von der Pike auf den Beruf als Versicherungsvermittler beim Deutschen Lloyd. Zum Erstaunen meines Organisationsleiters verbuchte ich mit meiner netten und gewinnenden Art in den nächsten zwei Jahren einen Verkaufserfolg nach dem anderen.

Im Herbst 1982 las ich in der Berliner Morgenpost eine Anzeige der Albingia-Versicherung, die eine gut bezahlte Stelle als Versicherungsinspektor anbot. Nach dem Bewerbungsgespräch stellte mich mein damaliger Verkaufsleiter ein. Auf meine Frage, was mich vor anderen Bewerbern ausgezeichnet hatte, sagte er: *„Wer so um eine Stelle kämpft, muss seine Chance bekommen."* Bei der Albingia-Versicherung blieb ich die nächsten Jahre und fiel schnell das Karrieretreppchen nach oben.

Im Alter von 22 oder 23 bewarb ich mich in der Hamburger Zentrale für eine Stelle als Trainer für Versicherungskaufleute. *„Frank"*, hörte ich damals meine Vorgesetzen sagen, *„du erfüllst alle Kriterien, du bist ein exzellenter Verkäufer, du bist fleißig und korrekt, aber wir nehmen dich trotzdem nicht."* Offenbar war ich zu jung, um auf ihre gestandenen Versicherungskaufleute losgelassen zu werden.

In meiner Unbedarftheit stürmte ich jede Woche die Büros meiner Chefs, um mich mit einem fröhlichen *„Hallo"* auf den Lippen in Erinnerung zu bringen. Naiv wie ich war, unterstellte ich meinen Vorgesetzten, dass sie sich mit mir zusammen über meinen Erfolg freuen könnten. Von wegen! Dass ich keine Spur von Berührungsangst zeigte, fiel eher unangenehm auf. Damals ahnte ich noch nicht, dass es in Großkonzernen und Firmen gewisse unausgesprochene Regeln gibt, die man nicht übertreten sollte.

An meinem Selbstbewusstsein dagegen kratzte das kaum, denn durch meine harte Kindheit schreckte mich so schnell nichts. Wer schon auf dem Meeresgrund war, fürchtet sich doch nicht vor Pfützen.

Im August 1986 lobte mich mein damaliger Filialdirektor: *„Sie geben Gas, das gefällt mir."* Dann fragte er mich, ob ich eine eigene Versicherungsagentur mit einem großen

Kundenstamm übernehmen wolle. Eine eigene Agentur? Aus dem Angestelltenverhältnis in die Selbständigkeit? Was für eine tolle Herausforderung! Ich willigte sofort ein.

Unser Filialdirektor galt bei uns Mitarbeitern als liebevoller Förderer. Er ackerte wie ein Pferd, stellte sich nie in den Vordergrund und hatte für seine Mitarbeiter immer ein offenes Ohr. Auch unfähige Kollegen schleppte er noch jahrelang mit durch. Für mich war er so etwas wie eine Vaterfigur im Hintergrund. Warum er so sozial sei, fragte ich ihn eines Tages.

„Wissen Sie, Wilde, man setzt Menschen nicht so ohne weiteres auf die Straße, nur weil sie vielleicht Alkoholprobleme haben oder Beziehungskrisen durchleben oder krank werden."

Stolz erzählte er mir später, dass er seit 30 Jahren einen guten Freund habe, mit dem er sich immer noch sieze. Das verwunderte mich. *„Warum sollte ich diese Freundschaft gefährden, nur weil wir das DU einführen?"* Was für ein kluger Mann! Wir hatten später so eine Art *Du-Sie*-Beziehung, die mich sehr ehrte.

Einmal ging es um Aufklärung in einem Fall von Versicherungsbetrug, bei dem ein Mercedes SL gestohlen worden war. Für den Schaden sollte nun die Versicherung aufkommen. Zu den Einzelheiten des Falls befragte mich mein Filialdirektor in aller Ausführlichkeit. Obwohl eine eidesstattliche Versicherung des Kunden und zwei seiner Zeugen gegen meine Aussage standen, schaute er mir in die Augen und sagte: *„Wilde, wenn Sie sagen, dass das Betrug war, dann glaube ich Ihnen."*

Wenige Monate später stellte sich heraus, dass der Kunde gelogen hatte. Bingo! Es kommt eben über kurz oder lang alles ans Tageslicht.

Am 3. März 1984 passierte etwas Schreckliches. Mein Zwillingsbruder Mario, der vorübergehend zusammen mit einem Freund in meiner alten Wohnung einen Stock tiefer wohnte, erhielt beim Baden in der Wanne einen fast tödlichen Stromschlag durch einen defekten Heizstrahler.

Mario lag stocksteif auf dem Fußboden und hatte gerade noch die Kraft für ein „tausendfaches Murmeln", wie es später sein Freund nannte. Ich hörte im oberen Stockwerk meiner neuen Wohnung nur dessen markerschütternden Schrei: *„Fraaaaank, komm schnell."* Ich stürzte hinunter. Meine damalige Freundin folgte mir auf dem Fuße. Als Krankenschwester in einer Berliner Rettungsstelle fing sie sofort an, Mario mit Mund zu Nase Beatmung und Herzmassage wiederzubeleben. Sie schüttelte ihn schreiend: *„Mario, mach die Augen auf!"*

Meine Panik spürte ich erst, nachdem die Feuerwehr und der herbeigeeilte Notarzt ihn in der Wohnung und im Notarztwagen mehrfach mit einem Defibrillator reanimiert hatten. Nun lag er im Martin-Luther-Krankenhaus auf der Intensivstation zwischen dem Diesseits und dem Jenseits. Mein eineiiger Zwillingsbruder, ein Teil von mir wie kein anderer Mensch – um ein Haar wäre er weg gewesen! Wie die Kripo später herausfand, hatte ein Elektrikermeister beim Einbau eines Badheizstrahlers vor vielen Jahren unter Alkoholeinfluss einige Kabel vertauscht.

Die Diagnose der behandelnden Ärzte lautete unter anderem: *„Gestörte zeitliche und örtliche Orientierung bei erhaltener Orientierung zur Person und erhaltenem Altgedächtnis. Ein amnestysches Syndrom nach cerebraler Hypoxämie im Rahmen eines Stromunfalls."*

Er hatte sein Kurzzeitgedächtnis verloren, seine Hand war verbrannt. Für einige Zeit musste er sogar im Rollstuhl gefahren werden.

Wenn wir in dem evangelischen Krankenhaus an der Tür zum Andachtsraum vorbei kamen und er das schwarze Kreuz auf dem Altar sah, murmelte er: *„Alles Quatsch, das gibt es ja alles gar nicht."* Hatte er die Lüge darin gesehen? Öfters flehte er mich an: *„Bring mich wieder in das andere Zimmer zurück, wo es so schön hell war."* Er zeigte fortwährend zur Decke im Krankenzimmer. *„Was meinst du denn? Wo willst du denn hin?"*

„Ich will an diesen See zurück."

Dann erzählte er mir, wie er mit unserer verstorbenen Oma und einem Schäferhund namens Rex auf einer Holzbank am See gesessen und eine Zigarette geraucht hatte.

Hatte er den Lichttunnel ins Jenseits gesehen, über den ich wenige Wochen zuvor „zufällig" bei Raymond Moody gelesen hatte? War er mit größerem Wissen zu uns ins Leben zurückgekehrt? Heute arbeitet er als erfolgreicher Frisör und ist von dem Unfall völlig genesen. Er hat sogar durch dieses Ereignis etwas gewonnen: Er fürchtet sich nicht mehr vor'm Sterben.

Nur ein Glied in der Kette hätte versagen müssen, und er wäre tot gewesen. Der Schrei, die Krankenschwester, das schnelle Eingreifen der Berliner Feuerwehr, der kluge Einsatz des behandelnden Notarztes. Alles fügte sich ineinander. Sollte das so sein? Ich fing an, meine Aufmerksamkeit verstärkt auf jene Phänomene zu richten, die Wunder oder Katastrophen bewirken können.

Als Endzwanziger hörte ich 1988 von meiner Mutter zum ersten Mal den Begriff „Mentaltraining". *„Wenn du einmal richtig erfolgreich sein willst, musst du so ein Mentaltraining besuchen."* Sie hatte schon ein solches Training absolviert und sprach davon in höchsten Tönen. Erfolgreich war ich doch schon – also was sollte ich noch lernen? Ich ging sofort in Opposition gegen ihren gut gemeinten Rat. Doch sie erzählte mir bei jeder Gelegenheit immer wieder davon. Aus Neugier und ihr zum Gefallen besuchte ich an einem Wochenende mein erstes Seminar bei ihrem Schweizer Mentaltrainer, als dieser mal wieder in Hamburg auftrat.

„Na, dann höre ich mir den Mist halt mal an", dachte ich. Meine anfängliche Skepsis wich schnell offener Begeisterung – *„mit diesen simplen mentalen Techniken sollte es möglich sein, noch mehr aus seinem Leben zu machen?"*

Nach dem Seminar setzte ich mich in mein Auto und schwebte wie auf einem Teppich von Hamburg nach Berlin. Selbst die schikanösen Grenzkontrollen der DDR-Grenzer prallten innerlich an mir ab. Ab jetzt hatte ich Größeres im Kopf und war selbst ein Stück größer geworden.

Durch das Seminar-Erlebnis wurde ich in meinem Beruf noch fleißiger, noch pünktlicher, viel gelassener und musste nicht mehr um jeden Preis Policen verkaufen. Meine Kunden und ihr persönliches Wohlergehen waren mir auf einmal noch wichtiger als meine Abschlussprovisionen. Das spürten sie offenbar. Ich produzierte kaum Stornos und meine Provisionen schossen gewaltig in die Höhe. Die Agentur machte einen gewaltigen Sprung zur Generalagentur, da der Kundenstamm unaufhörlich anwuchs. Nun hieß es plötzlich in meinem Umfeld: *"Was ist denn mit Frank los?"*

Im Dezember 1991, während eines Folgeseminars „Mentaltraining für Verkäufer", saß ich in Gedanken versunken auf dem Stuhl und hörte meinen Mentaltrainer in seinem angenehmen Schweizer Dialekt reden, ohne ihm dabei wirklich zuzuhören. Plötzlich schoss mir durch den Kopf: *"Was du kannst, das kann ich auch."* Ein feuchter Schleier legte sich auf meine Augen. Schon sah ich mich selbst vor der Gruppe stehend philosophieren. War das die Idee meines Lebens – die Eine-Million-Euro-Idee?

Dieser Geistesblitz war die Initialzündung für meine heutige Existenz als Erfolgstrainer. Wenn ich gefragt werde, wie ich zu meiner Tätigkeit kam, antworte ich meistens: *"Wie es im Leben immer funktioniert. Es kommt zu einem. Wenn der Schüler bereit ist, kommt der Lehrer."*

Ich erzeuge ein Vakuum, in das Wissen, Personen oder Antworten gezogen werden. Wir kennen diesen Vorgang aus dem Physikunterricht, wo in einem Behältnis ein künstliches Vakuum erzeugt wird. Entfernt man den Deckel vom Behälter, füllt das Universum die Leere wieder auf. Sie saugt sich förmlich voll.

In der Mittagspause ging ich zu meinem Coach und fragte ganz direkt: *"Wie kann ich zu dem werden, was Sie sind?"* Und dieser sagte, er habe schon einmal zwölf Leute in einer Gruppe ausgebildet, aber weiter ausbilden wolle er nicht. Immerhin ließ er in einem Nebensatz anklingen, was er seiner Frau von mir erzählt hatte: *"Der Wilde könnte das bestimmt auch."*

Als erfahrener Jäger hörte ich aus diesen Worten sofort das Verkaufssignal heraus: *"Wie wichtig ist dem Wilde sein Anliegen?"* Sah er im Geiste schon das schnell verdiente Geld für sein Know-how oder ahnte er bereits die Konkurrenz, die er sich mit mir heranzüchtete?

Als das Verkaufsseminar zu Ende war, nahm ich ihn in meinem Wagen bis zum Flughafen Hamburg-Fuhlsbüttel mit, denn sein Taxi war auf dem Hotelparkplatz stecken geblieben. Wieder so eine glückliche Fügung... Es regnete in Strömen und er musste seinen Flieger in die Schweiz kriegen. Ich lenkte im Wagen unsere Unterhaltung abermals geschickt auf meine Trainerausbildung. So rang ich ihm wenigstens die Zusage ab, nach Weihnachten bei ihm anrufen zu dürfen. Ich hatte ihn im richtigen Moment erwischt. Nun gab es während der Weihnachtsfeiertage nur noch ein Ziel: den Herrn Ackermann zu bewegen, mich als seinen „13. Krieger" anzunehmen.

Anfang Januar bestellte er mich telefonisch nach Basel. Dort sollte ich sein Know-how bekommen – gegen Bares. Ich hob die vereinbarte Summe für die Ausbildung – damals 15.000 DM – von meinem Konto ab. Nach Aushändigung des Geldes bekam ich von ihm neben einer ordentlichen Quittung insgesamt etwa zehn Blatt Papier. *„Das soll der rote Leitfaden sein, das Know-how für ein aufregendes Seminar von zwei vollen Tagen? Das bisschen Papier soll so eine riesige Begeisterung erzeugen können, wie ich sie verspürte?"*

Wir setzten uns in sein Wohnzimmer. Ich sollte eine Probe-Performance abliefern ähnlich wie bei einem Casting. Ich dachte bei mir: *„Der hat doch gesagt, ich könne das? Bezahlt hatte ich auch, also warum muss ich es jetzt noch unter Beweis stellen?"* Dennoch sprudelte es nur so aus mir heraus, denn ich hatte ja mehrfach seine Seminare besucht und das Gelernte selbst mit großem Erfolg angewandt.

Angst hatte ich zu keinem Zeitpunkt, wir waren ja in seinem großen Haus allein. Ich wusste, was diese mentalen Techniken bei mir alles möglich gemacht hatten. Er guckte mich völlig erstaunt an und meinte nur: *„Dann kann es ja losgehen. Du bist gut."* So verließ ich mit dem Flieger Basel und kehrte nach Berlin zurück – glücklich über die klare Bestätigung.

In den nächsten Monaten begleitete ich meinen Schweizer auf seinen Seminarreisen und saß wie ein normaler Seminarteilnehmer in seinen Vorträgen. Ich lernte, lernte und lernte. Konnte ich die gestellten Fragen der Zuhörer eben so wie er beantworten? Wann war ich soweit, dass ich endlich mein erstes Seminar vor so vielen Menschen halten konnte? Immer unruhiger verschlang ich ein Buch nach dem anderen, lief von einem Trainerseminar zum nächsten. Ich beobachtete und studierte andere Trainerkollegen und saugte ihr geballtes Wissen in mich hinein. *„Wie steht man vor seinen Zuhörern, wann bewegt man sich und wie? Wie führt man eine Gruppe und hält sie zusammen?"*, fragte ich mich.

Das Publikum ist wie ein Wolfsmaul, entweder sie lieben dich oder sie zerreißen dich. Dazwischen gibt es nichts. Meine natürliche Begabung machte es mir leicht, nicht gefressen zu werden. Aber ich weiß, dass ich das nicht nur meinem natürlichen Charme zu verdanken habe (das behaupten zumindest viele meiner Seminarteilnehmerinnen), sondern auch meiner nie aufhörenden Lernbereitschaft. Bis heute will ich jeden Tag von mir und meiner Umgebung wissen: Wie kann ich noch besser werden?

Nie hatte ich Zweifel, dass ich auch scheitern könnte. Dass ich irgendwann Hallen mit Menschen füllen würde, die meinen Worten lauschen werden – das stand für mich einfach fest.

Als ich mein erstes Training durchführte, hätte ich mir fast in die Hose gepisst. Das erste Solo legte ich so galant hin, als hätte ich nie etwas anderes getan. Die Dankschreiben meiner ersten Zuhörer zeigten mir: Es war ein Bombenerfolg.

Meine damalige Frau akzeptierte leider meine neue Trainerexistenz nicht. *„Wir kommen auch so gut über die Runden. Warum schmeißt du das alles weg?"*
Immerhin hatte ich damals eine gut gehende Generalagentur. Doch mein Entschluss war unwiderruflich. Ich konnte nicht mehr mit Kunden über deren Hausrat- und Lebensversicherungen sprechen, seit dieses große Thema auf meiner Agenda stand. Was eben noch der Mittelpunkt meines Lebens war, hatte sich von einem Moment zum anderen aufgelöst. Jetzt gab es für mich Wichtigeres zu tun.

Meine Frau begleitete mich fast nie zu Seminaren. Auch zu meinen späteren Auslandsaufenthalten ließ sie mich alleine reisen. Das war der Anfang vom Ende unserer Ehe. Sie hatte wohl immer geahnt, dass ich ihr durch meine Trainertätigkeit entgleiten würde. Sie hatte nun nicht mehr die Führung in unserer Ehe – das können viele Frauen nur schwer ertragen.

Als begeisterter Clubreisender flog ich mit meinem damals besten Freund im April 1990 in den Robinson Club Cala Serena nach Mallorca. Seit meiner ersten Clubreise war ich von dieser Art zu reisen infiziert. Cluburlaub, das war betreutes Wohnen in einer Ferienanlage, wo sich der Gast nur darum kümmern muss, wie er auf geschmeidige Art und Weise seinen Tag herum bekommt. Herrlich, sein ICH am Pool, am Strand, beim Volleyballspiel, Tennis oder beim Golfen abzugeben und einfach nur zu relaxen und den ganzen Tag die Köstlichkeiten des Buffets einzuatmen. Kein Wunder, dass gestresste Manager, Ärzte, Lehrer und sehr viele Promis bei Robinson Urlaub machen.

1996 wurde die Rezeption eines Schweizer Robinson Clubs beim Einchecken auf mich aufmerksam, nachdem ich als Berufsbezeichnung *Mentaltrainer* angegeben hatte. *„Das bräuchten wir auch mal für unsere Clubs"*, sagte die Empfangschefin beiläufig. Wieder so eine glückliche Fügung!

Daraufhin setzte sich der Personalchef mit mir in Verbindung. So durfte ich seit 1997 die Mitarbeiter der Zentrale von Robinson in Hannover trainieren. Wenig später wurde ich von der Zentrale aus in den Clubs vor Ort eingesetzt. So sammelte ich nebenbei meine Auslandserfahrungen, während ich die Mitarbeiter und Gäste trainierte. Durch den intensiven Kontakt mit den Gästen lernte ich vor allem Vorurteile gegenüber Menschen abzubauen, die anders sind als man selbst.

Später gewann ich auf Empfehlung der Robinson-Mitarbeiter den Mutterkonzern TUI als Kunden hinzu. Im April 1999 begann meine Tournee auf diversen Kreuzfahrtschiffen. Hier lernte ich wichtige wirtschaftliche Entscheidungsträger kennen, die mich direkt für ihre Firmenbelegschaften engagierten.

Besonders beeindruckten mich die hochkarätigen Gäste der MS-Europa. An Bord dieses wohl besten und teuersten Kreuzfahrtschiffes wurde ich im Sommer 2002 neben dem Weltstar Chris Andrews angesagt – war das genial!

Tags darauf bat mich der Kapitän, die gesamte Crew auf dieser Reise im Südatlantik zu trainieren. Da Teile der Crew unter der Woche immer im Einsatz waren, blieb nur die Sonntagnacht für diese Veranstaltung. 150 Crew-Mitglieder lauschten etwa drei Stunden konzentriert meinem Vortrag – und alle waren hellwach.

Stell dir mal vor, in deiner Firma würde die Weiterbildung der Mitarbeiter auf Sonntagnacht verlegt – was wäre da los? Die Gewerkschaften stellten Beatmungszelte auf und brächten zugleich die Gerichte und die Presse zum Hyperventilieren. Auf einem Kreuzfahrtschiff dagegen ist der Einsatz rund um die Uhr völlig normal. Die Crew muss ständig präsent sein, damit die Sicherheit der Gäste an Bord zu jeder Zeit gewährleistet ist. Da gibt es kein Herumeiern und keine Drückebergerei.

Dann ging es zügig weiter mit der Karriere. Seit 2004 bin ich für N24 regelmäßig als Experte zu sehen, weitere Fernsehanstalten haben nachgezogen. Das Bildungsministerium in Bayern bat mich im Juli 2005, vor etwa 400 Hauptschülern aus den 9. und 10. Klassen ein Mentaltraining abzuhalten. *„Wir wissen, dass Sie auch nur einen Hauptschulabschluss haben und suchen jemanden, der unsere Schüler, die Schwächsten der Gesellschaft, auch erreicht."*

Gern nahm ich diese Herausforderung an. Wer war besser dafür geeignet als ich? Einen Akademiker konnten sie für diese heikle Aufgabe nicht gebrauchen, der hätte das Thema nicht „flach" genug herunterbrechen können. Ich dagegen hatte mir schon in jungen Jahren die Fähigkeit angeeignet, eine Sache für alle klar und verständlich darzustellen und die Dinge beim Namen zu nennen.

Kurz vor meinem ersten Auftritt in der Turnhalle einer Nürnberger Hauptschule fühlte ich schon das Muffensausen. Der Schulleiter meinte nur: *„Wilde, die werden Sie da vorn zerreißen."*

„Aha", dachte ich, *„das fängt ja gut an."* Ich schob mich durch die Schulgänge an den wartenden Schülern vorbei, um meine Präsentationsanlage aufzubauen. Sogleich fiel mir auf, dass vor allem freundliche Migranten mir ihre Hilfe anboten. Die deutschen Jugendlichen hielten sich auffallend zurück. Da ich einige Brocken Türkisch bei Robinson aufgeschnappt hatte, war mein Entree ein freundliches guten Morgen und ein nettes *Merhaba* (Hallo). Damit hatte ich sie gepackt. Auf dem Boden der Sporthalle sitzend, hörten mir zirka 400 Hauptschüler ungewöhnlich diszipliniert zu – zur großen Überraschung des beiwohnenden Lehrpersonals.

Bis heute habe ich mit etwa 6.000 Jugendlichen in verschiedenen Bundesländern gearbeitet – und immer wieder gelang mir der Durchbruch in ihre Interessenswelten, die Ansprache an ihr Wesen –, trotz zum Teil schwieriger technischer Voraussetzungen wegen chronischem Geldmangel an den Schulen.

Neben dem Bayerischen Staatssekretär aus München hatten auch einige Journalisten, Radiosender und das lokale Fernsehen den Weg in die Schule gefunden. In den Medien hagelte es anschließend skeptische Kommentare: *„Was denn ein einmaliges Training brächte? Ob Hauptschüler den Einsatz eines Spitzenmotivationstrainers überhaupt wert seien?"* Ziemlich frech war das, denn ich nahm für meine Auftritte an den Schulen nicht einmal Spesen, geschweige denn Honorar.

So bin ich inzwischen selbst Stifter im Stiftungspakt Bayern, in dem führende Wirtschaftsunternehmen ihr Engagement für Schulen bündeln. Damit gebe ich der Gesellschaft nur etwas von dem zurück, was ich selbst in meiner Schulzeit bekommen habe.

Meine Gruppen sind mittlerweile sehr viel größer geworden. In der EWE-Arena in Oldenburg durfte ich knapp eine Stunde vor 1.500 Mitarbeitern einer bekannten Bank reden. Wer hätte das gedacht – jeder der 50 Teilnehmer meines ersten Seminars hat inzwischen um die 1.000 Teilnehmer nachgezogen –, mal sehen, was da noch alles kommt.

Inzwischen bin ich nicht nur als Erfolgstrainer tätig. Die Beschäftigung als Autor von Büchern, Vorträgen und Hörbüchern macht mir zunehmend Freude und nimmt immer mehr Raum in meinem Arbeitsleben ein.

Zudem bin ich auch viel ruhiger geworden. Auch habe ich festgestellt, dass ich nicht mehr alles haben muss. Ich renne dem Erfolg nicht mehr hinterher, sondern gehe ihm eher gelassen entgegen. Nicht *ich* finde die Leute, die Leute finden *mich*. Denn die Menschen und die Dinge, denen ich am meisten hinterher laufe, entfernen sich nach dem Gesetz des Sogs am schnellsten von mir. Doch dazu später mehr.

Oskar Wilde hat einmal gesagt: *„Es gibt zwei Arten von Träumen: die Träume, die sich erfüllen und diejenigen, die sich nicht erfüllen. Erstere sind das größere Unglück."* Vielleicht ist es ja auch Glück, wenn ein alter Traum sich erfüllt, dann gibt es Platz für einen neuen Traum.

Lange Zeit habe ich nur von BMWs und Häusern geträumt. Aber keine Bange – das geht vorbei. Diese ganze Anhäufung von irgendwelchem Luxus – irgendwann bist du darüber hinweg! Meine Mutter pflegte zu sagen: *„Auf einem Stuhl nur kann ich sitzen, in einem Bett nur kann ich schlafen."* Guter Wein, gutes Essen, eine hübsche Frau an meiner Seite, und reisen, immer wieder reisen. Mehr muss nicht sein.

Nun wirst du vielleicht sagen: *„Der Wilde trägt hier aber ganz schön dick auf, ein fettes Ego hat er, das ist gewiss..."*
So ist es, meine Lieben. Denn um ein Ego loszuwerden, muss man zunächst einmal eines entwickeln. Und ich werde dir auf den folgenden Seiten nun dabei helfen, ebenfalls so selbstsicher und überzeugt von dir zu sein wie ich.
Und dann hält dich nichts mehr auf – der Erfolg ist vorprogrammiert!

3 Die Macht der Gedanken

Was aus mir wird, hängt nicht von meinen Eltern oder Lehrern ab, sondern einzig und allein von meiner Einstellung zum Leben, von den Vorstellungen und Bildern, die ich mir in meinem Kopf von der Zukunft mache. Auch wenn in der Vergangenheit schlimme Dinge passiert sind, kann mich doch niemand davon abhalten, daraus positive Schlüsse zu ziehen.

Es ist zu einfach zu sagen: *„Verbrecher bin ich nur deshalb geworden, weil ich meine Oma nackt gesehen habe..."* Und nur, weil ich bestohlen wurde, muss ich noch lange nicht zum Dieb werden.

Ich bin grundsätzlich frei, mich gemäß meinen besten Anlagen zu entwickeln, egal, wie viele Hindernisse sich mir in der Vergangenheit in den Weg gestellt haben. Der Glaube an mich und meine zukünftigen Potenziale bildet sich in meinem Kopf.

Als ich einmal den leider mittlerweile verstorbenen Berliner Schauspieler Günther Pfitzmann auf Sylt traf, ließ der beiläufig in meiner Gegenwart die Bemerkung fallen: *„Wenn ich an meine Kindheit denke, hätte ich Massenmörder werden müssen."* Ist das nicht einleuchtend?

Die Gedanken sind frei – das gilt vor allem für die persönliche Entwicklung. Wenn ich die Macht meiner Gedanken begreife, kann ich zum Gestalter meines Lebens werden. Ich kann dann sagen: *„Ich bin so frei. Hier stehe ich und kann nicht anders. Da zieht es mich hin."*

Von Einstein ist der Satz überliefert, dass man die Probleme nicht mit demselben Denken lösen kann, das sie geschaffen hat. Wenn wir ein Problem wirklich lösen wollen, müssen wir also bereit sein, unser Denken umzukrempeln und Sichtweisen anzunehmen, die wir vorher für „unmöglich" gehalten haben.

Aber wie kommt es, dass Gedanken eine so große Macht über das Leben haben?

Alles beginnt im Kopf – und zwar in deinem!

Alles, was ich in diesem Moment um mich herum sehe, ist das Ergebnis von Gedanken, die Menschen zu irgendeiner Zeit hatten. Die Häuser in meiner Stadt, die Autos vor meiner Haustür, die Tasse auf meinem Frühstückstisch und der Happen in meinem Mund – all diese Dinge existierten zunächst als bloße Vorstellungen in den Köpfen von Menschen wie dir und mir. Dass ich heute alle diese Dinge um mich sehen und anfassen kann, zeigt den Erfolg dieser Menschen. Sie haben etwas erschaffen, von dem jeder profitieren kann.

Aber längst nicht alle Gedanken werden zu Häusern und Autos, manche werden auch zu Unfällen und Krankheiten. Es ist ein ganz normaler physikalischer Vorgang: Was in die eine Richtung schwingt, schwingt auch in die andere.

Egal, in welchem Schlammloch von Problemen du steckst – deine Gedanken, die du hier und jetzt hast, und nicht deine Probleme entscheiden darüber, ob du im nächsten Moment tiefer in den Schlamm einsinkst oder etwas Bodenfühlung bekommst.

Du hast in jedem Moment die Wahl, deine Probleme größer oder kleiner zu machen.

Du hast 100.000 € Schulden. Dein Geschäftspartner hat dich übers Ohr gehauen, deine Frau hat sich von dir scheiden lassen. Jetzt hast du die Wahl, entweder den Kopf in den Sand zu stecken und zu sagen: „Da komme ich nie wieder raus." Oder du sagst: „Jetzt starte ich zum zweiten Mal durch. Jetzt erst recht!" Was soll denn passieren? Solange ein Mensch gesund ist, kann er sich alles wieder anschaffen, was er zum Leben so braucht.

Es hängt von deiner Entscheidung ab, egal wie groß die Probleme sind. Wenn du sie im Kopf klein hältst, werden sie automatisch kleiner. Umgekehrt gilt das auch – wenn du die Probleme noch größer machst, als sie sind, dann werden sie auch größer. Denn du hast ja immer recht. Wenn du an den Problemen festhältst, halten die Probleme auch an dir fest.

Vor ein paar Monaten blieb ein Mann nach meinem Vortrag in einem Stuttgarter Hotel auf seinem Stuhl sitzen, während die anderen Teilnehmer zur Mittagspause gingen. „Das ist alles Humbug!", sagte er provozierend in meine Richtung. Ich schaute ihn fragend an, räumte weiter meine Folien ein und richtete mich auf weitere Angriffe seinerseits ein. „In Wirklichkeit ist alles noch viel ungeheuerlicher." Dann erzählte er mir seine Geschichte: Vor Jahren war er so arm, dass er nicht mal 20 Pfennig hatte, um seine Freundin anzurufen. Wenig später hatte ein Freund ihn mit zu meinem Seminar geschleift. Zum ersten Mal in seinem

Leben begriff er die Macht seiner Gedanken und arbeitete damit. Wenig später bekam er als Subunternehmer einen Auftrag für die Elektrik in einem großen Berliner Hotelneubau. Da seine Auftraggeber von seiner Leistung begeistert waren, empfahlen sie ihn weiter. Ursprünglich hatte er sich nur als Ziel gesetzt, 50.000 DM Guthaben auf seinem Konto anzusammeln. Mittlerweile besaß er die zehnfache Eurosumme, ein eigenes Haus und einen Lamborghini in der Garage, den er durch eine Glasscheibe von seiner Wohnzimmercouch aus anschauen konnte.

Was folgt daraus? Es gibt nichts Wichtigeres als das, was du in diesem Moment denkst. Denn diese Gedanken bestimmen deine Zukunft.

Aber bedenke: Es nützt nichts, wenn du mal kurz irgendeinen guten Gedanken zulässt. Du musst ihn hegen und pflegen. Denn von nichts kommt nichts. Von den meisten Gedanken verliert sich jede Spur, da sie zu flüchtig und unklar sind. Nur wenn man regelmäßig bestimmte Gedanken verfolgt, können sie ihre Macht entfalten.

Du hast immer recht

Wenn du sagst: *„Die ganze Welt geht unter, wir werden morgen alle Wasser saufen, das ganze Land rafft uns dahin, die Pandemie wird über uns herfallen..."* – dann hast du absolut recht, und es wird auch genau dich erwischen. Wenn du aber sagst: *„Das interessiert mich doch gar nicht! Die Zeiten sind so gut wie nie!"* – dann hast du auch recht! Du denkst: *„Das Geld reicht nur knapp zum Leben"* – na klar, so ist es. *„Bei mir geht immer alles schief!"* Bingo, auch das stimmt.

„Ich bin der Schärfste unter der Sonne." Ohne jeden Zweifel. *„Meine Partnerin, mein Partner – der Fehlgriff meines Lebens."* Wie klar du das erkennst! *„Ein besserer Mensch konnte mir nicht über den Weg laufen."* Logo!

Jeder Mensch hat mit dem, was er denkt, immer recht. Oder, wie Henry Ford einmal trocken bemerkte: *„Ob Sie denken, dass Sie etwas können, oder ob Sie denken, dass Sie etwas nicht können – beides ist richtig."*

Beim Denken passiert im Positiven genau das gleiche wie im Negativen: Es wirkt immer. Ob ich positiv oder negativ denke, ob konstruktiv oder destruktiv, ist meinem Unterbewusstsein einfach egal: Es wird den Befehl zu hundert Prozent ausführen.

Es liegt also an dir, ob du positive oder negative Ziele erreichst. Vielmehr liegt es an den Grundsätzen, von denen du überzeugt bist; an deinen Gedanken und Glaubenssätzen.

Wenn du von dir glaubst, nicht gut genug zu sein für diese Welt, wird die Welt dir das immer wieder beweisen, denn du hast immer recht. Die Leistungen, die du bringst, kannst du aufgrund dieser Denkweise nicht mehr sehen und anerkennen – unter'm Strich bleibt immer der Versager übrig. Auch wenn es niemand außer dir sieht. Am Ende wirst du es dir selbst beweisen. Wenn du ein Versager bist, wirst du dein Leben genau nach dieser Anweisung inszenieren. Dann geht eben alles schief. Jede Minute, die du weiter an diesem Gedanken festhältst, wird dich dem Abgrund näher bringen. Das bist du deinem Glauben schuldig. Eben noch am Abgrund, heute einen ganzen Schritt weiter.

So einen Typen kennst du sicherlich: Gibst du ihm eine Tasse Kaffee in die Hand, schüttet er sie sich prompt über die Hose. Die niederländische Forscherin Ellen Visser analysierte in 79 Studien die Unfalldaten von 147.000 Menschen und kam zu dem Ergebnis: Menschen, die keinen Sport treiben, haben mehr Unfälle. Und Menschen mit vermehrtem Stress, Ärger und Schlafstörungen ziehen – ebenso wie Raucher – das Pech tatsächlich um ein Vielfaches häufiger an. Interessant, nicht wahr?

Aber wie findest du heraus, ob du gerade Gedanken verfolgst, die deinen Zielen hinderlich oder förderlich sind? Zur besseren Orientierung im eigenen Kopf schlage ich die Unterscheidung der folgenden drei Denkebenen vor. So kannst du dich ständig vergewissern, auf welcher Ebene du gerade denkst.

☺ Auf der Ebene der Schöpfung erschaffst du Neues. Du bist kreativ, freundlich und siehst der Zukunft zuversichtlich entgegen. Du findest konstruktive Lösungen.
☺ Auf der Ebene der Erhaltung bist du vor allem daran interessiert, dass die Welt so bleibt, wie sie ist. Du willst alles festhalten, deine Frau, dein Haus, dein Auto und dein Bankkonto. Du wägst ab, reagierst überwiegend defensiv und stehst allen Neuerungen skeptisch gegenüber.
☺ Auf der Ebene der Zerstörung verneinst du alles, denkst nur in Problemen. Du wertest dich und andere ab, bist voller Schuldgefühle oder schiebst anderen die Schuld für deine Verfehlungen zu.

Je nachdem, auf welcher Ebene du dich gerade befindest, ziehst du nach dem Gesetz des Sogs die Menschen und

Situationen in dein Leben, die deiner Eigenschwingung entsprechen.

Das Gesetz des Sogs

Wenn Forellen zu ihren Laichplätzen im Oberlauf eines Flusses zurückkehren, müssen sie Wasserfälle von unten nach oben überwinden. Wer das Gesetz der Schwerkraft kennt, fragt sich nun: Wie soll das denn funktionieren?

Die Forellen schwimmen nicht nur *gegen* den Strom – das können alle lebendigen Fische und übrigens auch Menschen, sondern sie nutzen auch eine verborgene, aber ungeheuer mächtige Naturkraft: den spiralförmigen Aufwärtssog, der sich im Inneren eines jeden Abwärtsstrudels bildet. Die äußere Seite des Wirbels zieht beziehungsweise *saugt* zum Fuße des Strudels hin, die innere saugt nach oben. Es funktioniert ähnlich wie bei einem Hurrikan, der ebenfalls am Boden befindliche Dinge entgegen dem Gesetz der Schwerkraft nach oben saugt. So können die Forellen mit Hilfe des Sog-Gesetzes sogar mehrere Meter hoch „springen", ohne auch nur einen einzigen Flossenschlag getan zu haben. Sie nutzen geschickt den Strudel wie ein Katapult und lassen sich nach oben reißen – ohne die geringste eigene Anstrengung.

Als erster entdeckte der österreichische Forstwirt und Erfinder Viktor Schauberger in den dreißiger Jahren des vergangenen Jahrhunderts dieses Prinzip. Bei der erfolgreichen Konstruktion eines Schwemmkanals zum effektiveren Abtransport von geschlagenem Holz aus dem Gebirge ins Tal entdeckte er grundlegende Strömungsgesetze des Wassers – allerdings ohne dass seine Leistung gewürdigt wurde. Wie das so ist: Erst verlacht man's, dann macht man's.

Übertragen auf die Ebene der eigenen Lebensgestaltung bedeutet das Sog-Prinzip: Je mehr ich vor etwas davonlaufe, desto eher holt es mich ein. Je mehr ich etwas haben will, desto mehr entfernt es sich von mir. Am deutlichsten wird das in der Partnerschaft am Beispiel der Eifersucht: Je mehr man den Partner an sich fesselt, desto eher läuft er davon. Je mehr Freiheit man ihm lässt, desto eher fühlt er Vertrauen und bleibt.

Mit meinen Wünschen erzeuge ich ein Vakuum, in welches Wissen, Personen oder Antworten gezogen werden. Diese Funktion hatte ich bereits beschrieben.

Wenn wir mit dem Gesetz des Sogs arbeiten, müssen wir ein Vakuum schaffen, in dem die Dinge zu uns kommen können, anstatt sie gewaltsam herbeiziehen zu wollen. Wünsche erfüllen sich nur, wenn ich das Gewünschte loslasse, nachdem ich mich damit im Herzen verbunden habe. Wenn wir aber statt dessen Druck erzeugen, vertreiben wir das Gewünschte eher, als es herbei zu führen. Genauso ist es auch mit Informationen oder bestimmten Dingen, die wir suchen. Oft finden die Informationen, nach denen man dringend gesucht hat, zur richtigen Zeit den richtigen Informanten.

Wie oft versuchen wir vergeblich, die passenden Schuhe zu finden – entweder sie sind zu teuer, haben die falsche Farbe oder sind nur in einer anderen Größe vorrätig. Ein paar Tage später, wenn wir nicht mehr daran denken, stehen wir plötzlich vor einem Laden und sehen genau die von uns gesuchten Schuhe, preislich reduziert und sogar in der richtigen Größe und Farbe.

Das Gesetz der Resonanz

Wir müssen loslassen und dem Gesetz der Resonanz vertrauen. Was zu uns passt, wird uns schon finden! Es kommt auch auf das Tun an, aber tun allein reicht nicht. Man muss auch loslassen können.

Das Gesetz der Resonanz besagt: Gleiche Gedanken ziehen sich an. Sowie wir uns mit etwas gedanklich beschäftigen, ziehen wir es automatisch an – wenn nicht heute, dann morgen, wenn nicht morgen, dann übermorgen. Gedanken sind magnetisch, Gedanken haben eine Frequenz. Während wir denken, werden unsere Gedanken ins Universum ausgesandt, und sie ziehen magnetisch alle Dinge an, die mit der gleichen Frequenz schwingen. Alles, was ausgesandt wird, kehrt zum Ursprung zurück – zu uns selbst. Alles, was uns derzeit im Leben umgibt, haben wir angezogen – auch das, was uns das Leben schwer macht. Gerade das, was uns das Leben schwer macht, macht es uns auch leicht – aber nur, wenn wir das Gesetz der Resonanz ernst nehmen und beachten.

Das Gesetz der Resonanz ist so unparteiisch wie das Gesetz der Schwerkraft. Es unterscheidet nicht zwischen glücklichen und unglücklichen Ereignissen, zwischen „gut" und „böse". Ebenso wie die Schwerkraft nicht danach fragt, ob ein Mensch, der von einer Leiter fällt, ein guter oder böser Mensch ist. Die Sonne scheint auch nicht weniger für kriminelle als für anständige Menschen.

Wenn wir verlassen, betrogen, bankrott, arbeitslos oder krank werden, schleichen sich automatisch negative Gedanken ein. Sie sind – ebenso wie die positiven Gedanken – wie

Kletten. Egal wo du hingehst, sie verfolgen dich. Wenn du nichts dagegen unternimmst, bringen sie dich zu Fall und zerstören dein Leben. Das passiert sogar intelligenten Menschen, man mag es kaum glauben. Sie geben sich dem Sog ihrer schlechten Gedanken hin und wundern sich dann, warum sie in der Entziehungsklinik, in der Verschuldungsfalle oder vor Gericht landen.

Dass die negativen Gedanken entstehen, passiert von allein. Aber wir können sie unter Kontrolle bringen, wenn wir nur wollen.

„Dass die Vögel der Angst und der Sorgen über dir schweben, das kannst du nicht verhindern, aber dass sie Nester in deinen Haaren bauen, das kannst du verhindern."
(Chinesisches Sprichwort)

Frage dich doch einmal: Willst du weiter deine negativen Gedanken hätscheln und füttern – oder willst du dich anerkennen mit deinen Möglichkeiten und Potenzialen? Willst du wirklich raus aus dem Mist, oder nur jammern und klagen? Willst du dein Leben jetzt endlich selbst in die Hand nehmen? Dann fang in deinem Kopf an!

Die Gedanken, die dich jetzt gerade bewegen, erschaffen dein künftiges Leben. Das, woran du am häufigsten denkst und worauf du deine meiste Aufmerksamkeit und Energie richtest, wird sich in deinem Leben manifestieren. Nichts kann in dein Leben treten, wenn du es nicht durch anhaltendes Denken angezogen hast. Du bist der Schöpfer deines Lebens. Du ziehst genau das an, was sich in deinem Kopf abspielt.

Das Gesetz von Ursache und Wirkung

Während wir denken, nutzen wir alle das Naturgesetz von Ursache und Wirkung. „Wirkung" ist immer die Wirklichkeit. Dass du jetzt gerade dieses Buch liest, ist eine Wirkung, eine Wirklichkeit, die irgendwo eine Ursache hatte.

Die harmonische oder konfliktreiche Beziehung zu deinem Partner oder deiner Partnerin ist nur eine Wirkung, die irgendwo eine Ursache hatte. Die kleinen oder großen Umsätze, die du in der letzten Woche mit oder in deiner Firma eingefahren hast, sind nur Wirkungen, die irgendwo eine Ursache hatten. Wie du dich körperlich fühlst, auch das ist eine Wirkung, die irgendwo eine Ursache hat.

In der Natur läuft alles gesetzmäßig ab. Ob es das Polarlicht ist, das wir in elf Jahren wieder sehen, oder die Sonnenfinsternis, die im Jahre 2081 eintritt, oder der nächste Frühling – zugrunde liegt immer eine Gesetzmäßigkeit: Was da draußen im großen ist, das ist auch bei dir im kleinen. Wenn du in den Wald *„Idiot!"* herein rufst, dann kommt auch nicht *„Liebling!"* zurück!

Wer eine Gesetzmäßigkeit kennt, kann einen selbstgewollten Nutzen aus ihr ziehen – oder einen selbstgewollten Nachteil. Die Frage lautet also: Was lässt du in deinem Kopf zu?

Wenn der Mensch erfolgreich ist, dann denkt er: *„Ja, ich bin ein genialer Typ!"* Wenn es nicht so läuft, dann waren eben die anderen schuld! Nee, du hast in deinem Kopf dummes Zeug zugelassen, deswegen kam das, was du nicht wolltest!

Wir ziehen immer dasjenige im Leben an, worüber wir am meisten nachdenken, woran wir am stärksten glauben, was wir ganz tief in uns erwarten und/oder was wir uns am lebhaftesten vorstellen. Je stärker du dich auf das besinnst, was du willst, je mehr und intensiver du daran denkst und womöglich auch noch davon sprichst, desto deutlicher tritt es in dein Leben. Wände haben Ohren – nicht vergessen! Wände leiten und stellen dann die eigenen Gedanken in den Raum.

Wenn du das Gesetz von Ursache und Wirkung in deinem Leben bewusst anwendest, wirst du Wunder über Wunder erleben, weil du vertraust und eine grundlegende Entscheidung getroffen hast.

Dein Gehirn ist ein lebender Magnet

Was passiert in deinem Kopf, wenn du denkst? Es gehen uns immer viele Gedanken durch den Kopf – laut Hirnforschung denkt der Mensch etwa 40.000 bis 70.000 Gedanken pro Tag. Dein Hirn wiegt etwa 1.400 Gramm und arbeitet wie ein lebender Magnet.

Du hast in deiner Hand einen Magnet und läufst damit durch die Stadt. Alle Nägel und Schrauben, die im Umfeld von diesem Magnet liegen, zieht das Ding an. Dann fährst du in eine andere Stadt: Alle Nägel und Schrauben, die da herumliegen, zieht dieses Ding ebenso an. Jetzt willst du dein Leben ändern und fliegst in ein anderes Land, denn du willst alles im Leben mal hinter dir lassen. Du kannst so weit reisen, wie du willst: Dein Magnet kommt immer mit und zieht dir auch immer die Menschen und Situationen in dein Leben, die deiner eigenen Schwingung entsprechen.

Wir empfangen gleichartige Frequenzen anderer Gehirne, weil wir selbst auf einem bestimmten Kanal senden. Unser Hirn ist wie eine Radiostation – Sender und Empfänger zugleich. Oft ist es schwer zu entscheiden, ob wir gerade gesendet oder empfangen haben. Wenn du mehr aufpasst, was du denkst, verstärkst du deine Senderfunktion und kannst später mehr auf Empfang gehen.

Gedanken und Gefühle haben ihre eigene magnetische Energie; diese zieht wiederum ähnliche Energie an. Wenn du geschmeidig in der Spur läufst, ist bei dir alles wunderbar, weil du auch mit geschmeidigen Leuten zu tun hast. Wenn du aber selbst neben den Schuhen stehst und in der zweiten Spur parkst, dann sind alle Falschparker deine Freunde. Wenn du ein Arschloch bist, hast du es plötzlich nur noch mit Arschlöchern zu tun, und manche sind obendrein klüger als du. Und wenn du großzügig bist, beschenkt die Welt dich auf wundersamste Weise.

Die Hirnforschung hat herausgefunden, dass unser Hirn in jeder Sekunde vier Milliarden Bits verarbeitet – davon sind aber nur 2.000 Bits unserem Bewusstsein zugänglich. Das ist verdammt wenig, aber von dem Inhalt dieser 2.000 Bits hängt es ab, wie unser Leben verläuft. Gerade weil es so wenig ist, was wir von der gewaltigen Leistung unseres Gehirns mitbekommen, ist es so wichtig, dass wir über das Wenige Bescheid wissen und die Kontrolle erlangen – jedenfalls soweit es in unseren Möglichkeiten liegt.

Auch dein Gehirn ist ein lebendiger Magnet. Er empfängt und sendet gleichzeitig. Wenn sich eine kritische Masse von Menschen zusammenfindet, die einen bestimmten Gedanken verfolgt, kann das Auswirkungen auf viele

Menschen haben – sie erzeugen ein gemeinsames Energiefeld, auch wenn sie sich physisch gesehen auf verschiedenen Kontinenten befinden.

Schon Jesus sagte: *„Einem jedem geschieht nach seinem Glauben."* Unsere Gedanken sind Energie, die nicht verloren gehen kann. Es ist immer *meine* Entscheidung: Wenn ich negative Gedanken-Energie aussende, kehrt sie in Form von Unglücksfällen zu mir zurück. Schicke ich positive Energie in die Welt, wendet sich meine persönliche Welt zum Positiven.

Unsere Welt besteht aus Energie

Der menschliche Körper ist nicht vom Körper des Universums getrennt, denn auf der Ebene der Quantenmechanik existieren keine fest umrissenen Grenzen. Der einzelne Organismus ist nur ein Wirbel innerhalb von Wirbeln, ein Kräuseln auf einer größeren Fläche. Unser physisches Universum ist nur scheinbar aus fester Materie zusammengesetzt.

Seit wir in die winzig kleine Welt der subatomaren Teilchen hineinschauen können, wissen wir, dass alles in uns und um uns herum Energie in verschiedenen Aggregatzuständen ist. Wir sind alle Bestandteile eines großen Energiefeldes inmitten vieler kleiner Energiefelder. Da gibt es die schnelleren und die langsameren Energien, die feineren und die dichteren. Was wir als Materie wahrnehmen, ist eine relativ kompakte Energie und bewegt und verändert sich aus diesem Grund langsamer. Materie ist eine grobstoffliche Energieform, Gedanken sind feinstoffliche Energie.

Schauen wir allein auf die Unterschiede zwischen lebendiger organischer und toter anorganischer Materie: Lebendes Fleisch verändert sich schnell und reagiert leicht auf viele Einflüsse. Felsgestein hat eine viel dichtere Form, seine Veränderung dauert länger, und es ist schwieriger, eine chemische Reaktion auszulösen, durch die sich seine Gestalt verändert. Dennoch schafft es am Ende die leichte Energie des Wassers, den Fels zu schleifen. Alle Energien kommunizieren miteinander und wirken gegenseitig aufeinander ein. Der Tisch, der scheinbar so ruhig vor dir steht, besteht aus einer Unmenge von Bewegungen winzig kleiner Teilchen, gegen die sich ein Atom wie ein Felsbrocken ausmacht. Wenn man versuchen würde, den Tisch auf seine kleinste Ausdehnung zu bringen, bleibt vielleicht ein winziges Kügelchen übrig – der Rest ist Energie.

Der berühmte Physiker Max Planck sagte kurz vor seinem Tod: *„Es gibt keine Materie an sich! Alle Materie entsteht und besteht nur durch eine Kraft, welche die Atomteilchen in Schwingungen bringt und sie zum winzigsten Sonnensystem des Atoms zusammenhält (...) Dieser Geist ist der Ursprung aller Materie. Nicht die sichtbare, aber vergängliche Materie ist das Reale, Wahre und Wirkliche, sondern der unsichtbare, unsterbliche Geist ist das Wahre."*

Das Energiefeld um einen Gegenstand herum kann sichtbar gemacht werden durch die Kirlian-Fotografie, die von einem ukrainischen Ehepaar gleichen Namens ab 1937 entwickelt wurde. Durch diese Technik wird die Ausstrahlung oder Aura von Steinen, Pflanzen, Tieren und Menschen für alle, die nur ihren eigenen Sinnen trauen, deutlich sichtbar.

Die Fotos des Japaners Masaru Emoto wiederum zeigen, wie Energie die lebendige Materie formt und sich die Struktur von Wasser durch Gedankenkraft verändert; wie die Symphonien Beethovens im Vergleich zu synthetischer Musik, und wie Kindergebete im Vergleich zu Hassgeschrei auf das „Befinden" des Wassers einwirken.

Masaru Emoto hat mit seinen Untersuchungen nachgewiesen, dass Wasser lebt und die Fähigkeit hat, Gefühle und Informationen aufzunehmen und zu speichern.

Emoto informiert zunächst das Wasser, indem er es entweder mit Musik beschallt, ihm Filme zeigt, mit ihm spricht oder Wasserflaschen beschriftet. Anschließend lässt er das Wasser tropfenweise in Schalen füllen und bei minus 20°C gefrieren. Die nun entstandenen Wasserkristalle fotografiert er unter dem Mikroskop bei zweihundertfacher Vergrößerung. Diese Kristalle zeigen – je nach Art und „Thema" der Beschallung oder Beschriftung – unterschiedliche Strukturen. Ein Kristall aus einer Wasserflasche, die mit dem japanischen Symbol für „Liebe" beschriftet war, ist in der Struktur harmonisch. Ein Kristall aus einer Flasche mit dem Symbol für „Hass" hingegen disharmonisch. Ebenso zeigten sich erhebliche Unterschiede bei Kristallen, die mit Musik von Mozart beschallt waren und solchen, die Heavy-Metal-Musik ausgesetzt waren. Du darfst nun raten, welcher der beiden Kristalle harmonischer aussah...

Da nun der Körper des Menschen zu siebzig Prozent aus Wasser besteht, wird nachvollziehbar, dass wir ebenso auf Musik, Symbole, Farben und jegliche anderen Einflüsse von außen reagieren – negativ oder positiv.[16]

Demzufolge ist es also mehr als logisch, dass wir nicht nur ein gesundes Wasser zu uns nehmen, sondern auch bei der Wahl der Menschen, Farben oder der Musik um uns herum darauf achten sollen, dass es so positiv wie möglich auf uns wirkt.

Aber auch ein entsprechendes Benehmen und eine bewusste Wortwahl sind angebracht, da wir ja nun nachvollziehen können, dass es eine tatsächliche Wirkung auf unseren Nächsten hat, wenn wir ihm sagen, dass er heute eine schicke Hose trägt, die Wohnung sehr geschmackvoll eingerichtet ist oder wir uns in seiner Nähe wohl fühlen.

Betrachten wir uns hierzu auch folgendes Beispiel:

Eine Person betritt einen Raum. Bereits im ersten Moment hast du einen Eindruck davon, wie dieser Mensch auf seine Umgebung wirkt – stark, schwach, aggressiv, sanft usw., auch wenn dir das vielleicht nicht bewusst ist. Wenn diese Person sich dann bewegt oder spricht, wird dieser Eindruck deutlicher, grober. Dann kannst du ihn begreifen und in Worte fassen – aber der Eindruck war schon vorher da.

Energie ist magnetisch. So wie die Sonne die Erde anzieht und der Mond die Sonne, so ziehen sich auch Gedanken und Gedankenkomplexe an, beziehungsweise stoßen sich ab. Gedanken sind nur eine leichte, bewegliche Form der Energie, Materie ist ihre verdichtete und unbeweglichere Form. Beide Erscheinungsformen sind den gleichen Energiegesetzen unterworfen.

Im Universum sind alle Dinge miteinander verbunden. Nichts anderes besagt das weltweit akzeptierte „Bellsche Theorem" der Grundlagenphysik. Im Jahr 1964 wies der Physiker J. S. Bell in einem komplizierten Gedankenexperiment nach, dass *„keine Theorie der Realität, die mit der Quantentheorie kompatibel ist, davon ausgehen kann, dass räumlich getrennte Ereignisse voneinander unabhängig sind."*

Unsere Physiker haben herausgefunden, dass unser Universum zum großen Teil aus dunkler Materie besteht – also Materie, die mit dem besten Fernrohr nicht zu sehen ist, weil sie diffus im Raum verstreut ist. Dennoch glauben alle, dass es sie gibt. Denn es muss sie geben, weil sonst die physikalischen Gesetze für das Universum nicht funktionieren könnten.

Ebenso sind die Gedanken, die du bewusst denkst, nur der *sichtbare* Teil deiner Gedanken – so wie die Sterne am Himmel nur der *sichtbare* Teil der Materie sind. Der größte Teil deiner Gedanken ist *unsichtbar*, deshalb heißt dieser Teil das *Un*-Bewusste. Wenn du dich anstrengst, kannst du den bewussten Teil deiner Gedanken vergrößern, indem du den unbewussten Teil erforschst.

Wenn wir denken, stellen wir Gedanken ins Universum – ähnlich wie wir Gedanken ins Internet stellen und dadurch für andere Menschen lesbar machen –, natürlich nur für verwandte Geister. Kein Gedanke geht also verloren.

Wenn du Geld verlierst, ist es auch nicht weg. Das kennen wir von den internationalen Börsen. Baron Rothschild sagte einmal zu einem Aktionär, der sein Vermögen verloren hatte: *„Ihr Geld ist nicht weg, mein Freund. Es hat nur ein anderer."* Wenn dein Partner geht, ist er auch nicht weg. Da turnt nur ein anderer drauf rum...

Wenn du einen Gedankenblitz hast – dann schreibt dir der Kosmos eine Email. Du nimmst eine Information auf, die in den Weiten des Kosmos schon existiert und die nun in deinem Geist abgelegt wird – und auch in anderen Geistern, die auf einer ähnlichen Frequenz empfangen.

Deshalb sprechen wir von *Einfällen* – das sind Gedanken, die bei uns *ein*-fallen wie einst die Hunnen in Europa. Wir glauben immer, uns viel darauf einbilden zu müssen, wie genial wir sind – dabei verwerten wir nur die Informationen, zu denen unser Geist Zugang erhält. Dafür müssen wir ihn allerdings öffnen und uns geistig dort anmelden, wo wir hin wollen.

Wie dein Gehirn schwingt

Hirnforscher haben herausgefunden, dass bestimmte Hirnareale bei bestimmten Vorstellungen gleichermaßen aktiv sind – egal, ob es sich dabei um Wahrnehmungen von realen Dingen oder um Erinnerungsbilder handelt. Deinem Gehirn ist es egal, ob es draußen regnet oder ob du dir nur vorstellst, dass es regnet. Dein Gehirn kennt keinen Unterschied zwischen drinnen und draußen. Wir kennen das von Heuschnupfen- oder Asthmapatienten, bei denen alleine schon die Fotografie einer blühenden Wiese eine Reaktion auslösen kann.

Im menschlichen Gehirn fließen unzählige minimale elektrische Ströme, die veränderbar beziehungsweise beeinflussbar sind. Jeder Mensch besitzt zwischen 10 und 100 Milliarden Nervenzellen, von denen jede bis zu 10.000 Synapsenverbindungen zu anderen Zellen unterhält. Damit ist die Anzahl möglicher Kombinationen größer als die Zahl sämtlicher Atome im All. Nirgendwo im Universum ist eine solche ungeheure Komplexität zu finden wie in den drei Pfund quarkartiger Materie namens „Gehirn". Die Kommunikation in diesem hochgradig vernetzten Biocomputer geschieht durch sogenannte Neurotransmitter (chemische Botenstoffe), von denen schon über 100 entdeckt worden sind und jedes Jahr mehr entdeckt werden.

Unsere Stimmungen und Befindlichkeiten folgen einer ausgeklügelten Choreografie verschiedenster Neurotransmitter und deren elektrochemischer Verfassung. Diese Choreografie lässt sich zum Teil in Form von Schwingungen oder Wellen darstellen. Jede dieser vielen Milliarden Neuronen des menschlichen Gehirns wirkt nun wie ein kleiner elektrischer Generator, der im Gleichtakt mit anderen Neuronen bestimmte Schwingungsmuster erzeugt. Als Schwingungen werden *sich regelmäßig wiederholende Vorgänge* bezeichnet. Schwingungen, die nach dem Abklingen der Anregung eines Systems – sei es akustisch, mechanisch oder elektrisch – in reiner Form verbleiben, werden *Eigenschwingungen* genannt. Jedes natürliche System, ob Musikinstrument oder biologische Zelle, besitzt diese Eigenschwingungen.

Jeder Gedanke, jedes Gefühl und jeder Bewusstseinszustand lässt sich also als Wellenlänge im Gehirn messen. Um 1920 wurde das erste EEG entwickelt, mit dessen Hilfe man vier unterschiedliche Typen von Gehirnwellen unterscheiden kann: Alpha-, Beta-, Theta- und Delta-Frequenzen, die alle zwischen 0,5 und 30 Hz liegen.

Als erster beschäftigte sich der Tontechniker Robert Monroe mit der Nutzung dieser Gehirnfrequenzen. Als erfolgreicher Inhaber einer Radiostation hatte er in den frühen sechziger Jahren beim Einstieg in die aufstrebende Fernsehtechnologie die Idee, „unterbewusste Einblendungen" zu verwenden, die zum Beispiel *Lernen im Schlaf* ermöglichen sollten.

Forschungen haben gezeigt, dass wir unsere Gehirnwellen und damit unseren Zustand gezielt verändern können. Dies praktizieren Menschen schon seit Tausenden von Jahren, etwa durch bestimmte Trommelrhythmen bei schamanischen Zeremonien und rituellen Tänzen, aber auch durch Farben und Klänge.

Alpha-Wellen liegen in einem Bereich zwischen 8 und 13 Hz. Im Alpha-Zustand ist die *innere Wahrnehmung* aktiv. Wir denken ganzheitlich, sind kreativ und geistig wie körperlich entspannt. Wir haben einen guten Zugang zu unserer Intuition. Unser Gehirn ist aufnahmebereit für Neues. Wenn Männer sich morgens rasieren, wenn Frauen sich morgens im Badezimmer ihr Gesicht anziehen, wenn wir auf dem Klo sind, telefonieren, duschen oder Auto fahren, sind wir im Alpha-Zustand.

Beta-Wellen sind die schnellsten Gehirnwellen mit einem Frequenzbereich zwischen 14 Hz bis weit über 100 Hz. Die meiste Zeit unseres *Wachbewusstseins* verbringen wir im Beta-Zustand. Unsere Aufmerksamkeit ist nach außen gerichtet. Wir denken logisch und linear – immer einen Gedanken nach dem anderen. Während du dieses gerade liest, befindest du dich im Beta-Zustand. Je schneller unser Gehirn schwingt, desto hektischer sind wir. Deshalb sind Beta-Wellen auch mit Stress, Ärger und Furcht verbunden, allerdings auch mit Verliebtsein und Sex. Bei Gehirnfrequenzen über 27 Hz spricht man von Gamma-Wellen, die mit Zuständen von Hyperaktivität und großer Erregung einhergehen.

Theta-Wellen liegen in einem Frequenzbereich von 4 bis 8 Hz. Sie treten im Dämmerzustand zwischen Wachen und Schlafen auf, oft begleitet von traumartigen mentalen Bildern und Visionen sowie kreativen Einfällen. Im Theta-Zustand haben wir einen tiefen, traumlosen Schlaf, der sehr heilsam wirken kann. Der Theta-Zustand gilt als Bereich der Tiefenentspannung, *„wo der Glaube Macht haben kann, weil der Unglaube eingeschlafen ist."* (*Emile Cue*, Apotheker von Nancy). Daher können unbewusste Inhalte an die Oberfläche treten. Erwachsene produzieren im Normalfall wenig Theta-Wellen, während Kinder sich häufig im Theta-Zustand befinden, bis zum Alter von sechs Jahren sogar überwiegend. Auch in tiefer Meditation schwingt unser Gehirn im Bereich der Theta-Wellen.

Delta-Wellen liegen in einem Frequenzbereich von unter 4 Hz und treten im Schlaf auf. Der Delta-Zustand wird mit tiefer Ruhe assoziiert – unser Bewusstsein schläft. In diesem Zustand werden vermehrt Wachstumshormone ausgeschüttet, weswegen manche Forscher Delta-Zustände auch mit Heilung in Zusammenhang bringen.

Der amerikanische Bestseller-Autor zum Thema *Bewusstseinstechnologien*, Michael Hutchison, fasst die Forschungsergebnisse zusammen: *„Die zentrale Entdeckung der Gehirnevolution [...] ist, dass unser (Gehirn-) Zustand und unser Verhalten sich nicht außerhalb unserer Kontrolle befinden. Wir sind keinesfalls schwach und ohnmächtig, keine Opfer unserer Vergangenheit oder unserer Umgebung. Der neurowissenschaftliche Beweis liegt vor: Wir können diese Zustände absichtlich, schnell und willentlich ändern."*

Um auf die Geistesblitze zurückzukommen – was passiert da in unserem Gehirn? Zu den wichtigsten Neurotransmittern zählen die *Endorphine*, sie spielen sowohl bei der Schmerzverarbeitung als auch als körpereigenes Belohnungssystem eine Schlüsselrolle. Bei Geistesblitzen werden Millionen von Synapsen mit einem kleinen Endorphin-Schauer überzogen – wir spüren das als Erleichterung und Entspannung.

Die beiden Gehirnhälften

Die Arbeitsteilung der beiden Gehirnhälften richtet sich danach, was ein Mensch gerade tut und *wie* er es tut. Größtenteils wird zur Bewältigung des alltäglichen Lebens die linke Hälfte beansprucht. Mit ihr denken wir logisch-rational und lösen mathematische Aufgaben – alles, was im Beta-Zustand unseres Bewusstseins leicht möglich ist. Männer denken meistens linksdominant. Die rechte Hirnhälfte vernachlässigen sie hingegen. Mit diesem Teil unseres Gehirns sind wir emotional, haben Ideen, schreiben ein Buch, komponieren Musik. Die rechte Hälfte gilt als die sogenannte *weibliche Hälfte*.

Zur Koordination der beiden Gehirnhälften ist der Alpha-Zustand optimal. Durch ihn kommt es zwischen den beiden Hirnhälften zu einer sogenannten *Großhirn-Hemisphären-Synchronisation*. Darunter versteht man das optimale Zusammenwirken von rechter und linker Gehirnhälfte.

Synchronisation lässt sich dadurch messen, dass die Gehirnwellen ihre Spitzen gleichzeitig erreichen. Eine Asymmetrie der Gehirnwellen wird dagegen oft als Depression erlebt.

Weiterführende Forschungen haben gezeigt, dass bei mentalen Spitzenleistungen beide Gehirnhälften synchron arbeiten. Gehirnwellen verlaufen wellenförmig mit Tälern und Spitzen. Erst im Zustand der Entspannung arbeiten beide Hirnhälften synchron.

Wenn du räumlich gucken willst, musst du beide Augen einsetzen. Wenn du räumlich hören willst, beide Ohren. Gut laufen kannst du nur auf zwei Beinen. Wenn du also in Zukunft deine Ziele schneller und einfacher erreichen willst, brauchst du nichts anderes zu tun als beide Hirnhälften einzusetzen.

Wie du das üben kannst? Besuche einen Yoga-, Meditations- oder einen Mentaltrainingkurs – das ist immer gut. Gehe zu einem Kinesiologen, der mit dir eine spezielle Gymnastik zur Gehirnhälftensynchronisation durchführt, oder kauf dir eines der einschlägigen Geräte zur Gehirnhälftensynchronisation. Vielleicht tut es auch ein Personaltrainer, der mit dir joggt.

Nur vergiss eines nicht: Komm aus der Hüfte!

Das Bauchgehirn

Wir denken nicht nur mit dem Kopf, sondern auch mit dem Bauch. Etwa wenn wir Entscheidungen *„aus dem Bauch heraus"* fällen oder uns *„etwas auf den Magen schlägt"*. Genau gesagt handelt es sich bei dem *Bauchgehirn* um ein feinmaschiges Netz, das sich um den Darm schlängelt. Mit 100 Millionen Nervenzellen hausen im Bauchgehirn mehr Neuronen als im gesamten Rückenmark. Dieses „zweite Gehirn" arbeitet ebenso wie das Kopfhirn, mit den gleichen Zelltypen, Wirkstoffen und Rezeptoren.

Schon im Mutterleib teilt sich das Gehirn in einen oberen und einen unteren Teil auf. Das Rückenmark und der Vagusnerv bilden eine Art Standleitung zwischen den beiden Gehirnabteilungen. Der Vagusnerv (wörtlich: *der umherschweifende*) kontrolliert die Tätigkeit fast aller inneren Organe, indem das Kopfgehirn diese ständig über den Zustand des gesamten Immunsystems auf dem Laufenden hält.

Aber warum diese Zweiteilung zwischen dem Gehirn im Kopf und im Bauch? Wissenschaftler erklären das mit den besseren Überlebenschancen des Säuglings nach der Geburt. Wenn das Essen, Trinken und Verdauen über lange Verbindungswege vom Kopf her kontrolliert würde, könnte etwas schiefgehen. Daher liegt ein Teil des Gehirns gleich dort, wo es zuerst sinnvolle Arbeit leisten soll.

Je tiefer im Verdauungstrakt, umso schwächer die Herrschaft des Kopfhirns. Mund, Teile der Speiseröhre und der Magen lassen sich noch etwas von oben sagen. Doch hinter dem Magenausgang übernimmt das Bauchgehirn die Regie. Erst am letzten Ende schaltet sich das menschliche Gehirn wieder ein – ausgerechnet am Arsch! Von daher ist es nicht falsch zu sagen, dass die Macht der Gedanken am Arsch beginnt. Wann kneifst du ihn zu, wann lässt du los?

Deine Bauch-Gefühle sind die wichtigste Instanz für Entscheidungen aller Art. Wenn du das begreifst, freut sich dein Bauch. Und wenn der sich freut, gibt er klare Signale – bis oben ins Hirnstübchen. Vor kurzem fanden Forscher heraus, dass weit mehr Nervenstränge vom Bauch in das Gehirn führen als umgekehrt. 90 Prozent der Verbindungen verlaufen von unten nach oben, nur 10 Prozent von oben nach unten. Die meisten Botschaften, die wir aus unserem Darm empfangen, nehmen wir nicht einmal bewusst wahr – außer kurz vor'm physischen Zusammenbruch.

Das Bauchgehirn ist nicht nur früher aktiv als das Kopfgehirn, es arbeitet auch länger. Der Magen-Darm-Trakt „lebt" nach dem Tod noch einen Tag weiter. Das haben als erstes die Pfleger in einem Krankenhaus bemerkt – die Ärzte waren sich für solche Erkenntnisse zu schade. Stell dir vor: Dein Arsch lebt länger als dein Hirn. Wenn das kein Grund ist, ihn zu bewegen!

Was ist Intelligenz?

Im letzten Jahrhundert galt der Intelligenzquotient (IQ) als wichtigste Größe, um die geistigen Fähigkeiten eines Menschen zu messen. Psychologische Tests dienten dazu, die Fähigkeit des Menschen zu logischem und strategischem Denken zu messen. Je höher der IQ, desto größer die Intelligenz – meinte man. Computer zum Beispiel haben in diesem Sinne einen hohen IQ: Sie kennen Regeln und können sie systematisch befolgen.

Ab Mitte der neunziger Jahre wurde von Daniel Goleman die *Emotionale Intelligenz* entdeckt. Mit Hilfe des EQs können wir feststellen, inwieweit wir unsere eigenen Gefühle und die Gefühle der anderen bewusst wahrnehmen können. Unser ganzer Verstand nützt uns nämlich nichts, wenn wir mit unseren Gefühlen nicht klar kommen. Zunehmend stellte sich im Arbeitsalltag heraus: In einer Welt der schnellen Veränderungen kann keine Firma nur mit Fachleuten überleben, die soziale Analphabeten sind. Wir brauchen Menschen in Führungspositionen, die sich mit ihren Gefühlen auskennen.

In Vorzeiten der Informationstechnologie reichte es noch aus, als Chef seine Neurosen an seinen Mitarbeitern auszutoben. In Zeiten des verschärften globalen Wettbewerbs gelten aber neue Regeln. Die Chefs sind klüger geworden, die Mitarbeiter aber auch. Die fähigsten Leute gehen eben dort hin, wo sie nicht nur eine gute Bezahlung erwartet, sondern auch ein ebenso gutes Arbeitsklima. Das ist auch der Grund, warum Frauen im neuen Jahrtausend immer mehr Führungspositionen übernehmen: Sie haben von Hause aus mehr Emotionale Intelligenz, genetisch und erziehungsbedingt.

Nun stellte sich zu Beginn des neuen Jahrtausends heraus, dass es neben der Verstandesintelligenz und der Gefühlsintelligenz eine dritte Intelligenzart gibt – die *Spirituelle Intelligenz* (SQ). Ihre Entdecker Danah Zohar und Ian Marshall nennen sie *„die Intelligenz, mit deren Hilfe wir Sinn und Wertprobleme angehen und lösen; die Intelligenz, mit deren Hilfe wir unsere Handlungen und unser Leben in einen größeren, reichhaltigeren Sinn-Zusammenhang stellen; die Intelligenz, mit deren Hilfe wir abschätzen können, ob ein Handlungsablauf oder Lebensweg sinnvoller ist als ein anderer".*

Spirituelle Intelligenz hat nicht unbedingt etwas mit Religiosität zu tun. Es gibt religiöse Menschen mit wenig Spiritueller Intelligenz, und Menschen ohne Religionszugehörigkeit, die dennoch ein hohes Maß an Spiritueller Intelligenz besitzen. Kinder zum Beispiel haben einen hohen SQ, denn sie suchen in ihren eigenen Handlungen und denen anderer Menschen immer nach einem sinngebenden Zusammenhang und sind obendrein nicht befangen durch feste Annahmen über die Welt.

Seit neuestem gibt es unter den Biologen auch Forscher, die von dem Vorhandensein einer kollektiven Intelligenz ausgehen. Kollektive Intelligenz beruht auf dem Bewusstsein, dass wir als menschliche Einzelwesen mit allen anderen menschlichen Einzelwesen verbunden sind und insgesamt so etwas wie ein „globales Gehirn" bilden. Daraus resultiert ein quasi natürliches Interesse an kooperativen Verhaltensweisen. Damit rufen diese Forscher natürlich alle Darwinisten auf den Plan, für die der Konkurrenzkampf um's Überleben die einzig denkbare Strategie der Evolution ist.

Meine persönliche Einschätzung: Emotionale Intelligenz ist gut, aber mit Spiritueller oder Universeller Intelligenz gepaart noch viel besser. Ich muss wissen, was ich will. Du musst wissen, was du willst. Wir müssen wissen, was wir miteinander wollen oder miteinander können. Und da brauchen wir innere Werte und die Fähigkeit, darüber zu sprechen, daran zu zweifeln und sie neu zu bilden. Wir brauchen Spirituelle Intelligenz egal, ob man das nun so nennt oder nicht.

Es gibt keine Zufälle

Immer, wenn wir uns Dinge nicht erklären können, reden wir vom „Zufall"! Gibt es „Zufälle"? Nur Menschen, die nicht nachdenken wollen, beharren darauf, dass etwas Zufall ist. Nimm mal das deutsche Wort „Zufall" auseinander! Dir *fällt* etwas *zu*, du hast eine Idee, dir *fällt* etwas *ein*.

Zufälle sind Fügungen, Synchronizitäten, Gleichzeitigkeiten der Ereignisse. *Synchronizität*, ein von dem Schweizer Psychoanalytiker C. G. Jung entwickelter Begriff, bezeichnet das anscheinend „zufällige" Zusammentreffen von äußeren

Ereignissen oder äußeren und psychischen Geschehnissen, die einen offensichtlichen Sinnzusammenhang bilden. Das Phänomen der Synchronizität basiert auf dem Gesetz der Resonanz, wonach wir immer genau die Energien anziehen, die wir aussenden.

Zufall ist eine Wirkung, deren Ursache ich nicht kenne. Aber nur weil ich die Ursache nicht kenne, heißt es nicht, dass sie nicht existiert. In der Natur geschieht nichts, aber auch rein gar nichts zufällig. Es guckt nicht im Winter „zufällig" mal so ein Sonnenblümchen aus dem Schnee und sagt: *„Oh, ich habe mich geirrt, ich bin ein halbes Jahr zu früh. Ich muss noch mal zurück!"* Zufall ist eine in Schleier gehüllte Notwendigkeit oder, um es mit Theodor Fontane zu sagen, der gebräuchlichste Deckname des Schicksals.

Bei unseren großen Denkern ist die Herrschaft des Zufalls umstritten. *„Gott würfelt nicht"*, kommentierte Albert Einstein zur Quantenphysik, an deren Entwicklung er als genialer Physiker selbst beteiligt war. Nach dieser Theorie werden Zustände von Elementarteilchen nicht „exakt", sondern mittels Aufenthaltswahrscheinlichkeiten beschrieben. Einstein war fest davon überzeugt, dass sich hinter der scheinbaren Unberechenbarkeit absolute Naturgesetzmäßigkeiten verbergen, denen man noch auf die Spur kommen würde. Allerdings bekommen wir bei dieser Annahme ein gewaltiges Rechtsproblem. Jeder Mörder könnte mit dem Finger auf Gott zeigen und behaupten: Der war's.

Unser europäisches Rechtsverständnis beruht auf der Annahme eines freien Willens. Jeder Mensch ist mit gewissen Einschränkungen verantwortlich für seine Taten – nur so lässt sich unsere gesellschaftliche Ordnung aufrechterhalten. Wo ein freier Wille ist, da muss es auch Zufall geben. Wie ich mich mit meinem freien Willen entscheide – wofür ich meinen Arsch bewege –, ist aus der Sicht von außen zufällig, denn es kann für dieses und für jenes und gegen dieses und jenes sein. Es ist also nicht vorhersehbar und damit erscheint es von außen betrachtet „zufällig" in eben dem Sinn, wie es für einen Architekten zufällig ist, wer als Mieter in das von ihm gebaute Haus einzieht und wie sich dieser Mieter dort einrichtet.

Wenn ich sage: *„Es gibt keine Zufälle"*, rede ich über die Perspektive von innen. Ich rede über einen bestimmten Gebrauch dieses Wortes. Wenn du mit dem Wort *Zufall* einem Ereignis seine tiefere Bedeutung absprechen willst, dann halte ich dagegen: Zufall gibt es nicht. Denn dein Leben ist ein Gewebe, in dem sich alle Elemente und Szenen aufeinander beziehen. Dein Leben ist mit dem Gesamtgewebe des Lebens verbunden. Manchmal erhältst du Botschaften aus anderen Sphären oder von anderen Wesenheiten. Du schaffst dir zwar deine Welt selbst, aber das Spielmaterial, mit dem du es schaffst, haben andere gemacht. Deshalb sagt Anatole France: *„Zufall ist vielleicht das Pseudonym Gottes, wenn er nicht selbst unterschreiben will."*

Was als Zufall erscheint, kann seine Wirkung in noch unerforschten und wenig akzeptierten elektromagnetischen Vorgängen auf der subatomaren Ebene haben. Der Biologe Rupert Sheldrake spricht von *„morphogenetischen"* oder *„morphischen Feldern"* als *„formbildende Verursachung"* für die Entwicklung von Strukturen. Egal, ob es sich dabei um Atome, Moleküle, Kristalle, Zellen, Gewebe, Organe, Organismen, soziale Gemeinschaften, Ökosysteme, Planetensysteme, Sonnensysteme oder Galaxien handelt – jedes Feld ist einem bestimmten System zugehörig. Mit dem System beziehungsweise Organismus beschädigt oder unterstützt man auch das entsprechende Feld. Die Regeneration ist deswegen möglich, weil das Feld immer noch ganz ist und das System zu seiner eigentlichen Form führen kann, obwohl man einen Teil davon weggenommen hat. Wenn man einen Magneten in zwei Hälften schneidet, erhält man nicht zwei halbe Magneten, sondern zwei ganze.

Zu den Wirkungen der morphogenetischen Felder gehört auch das Phänomen der Gedankenübertragung. Man sieht es bei Menschen, die sich blind verstehen. Ich hatte mal eine Sekretärin, die auf Anweisungen reagierte, bevor ich sie ausgesprochen hatte. Sie las meine Gedanken sogar schon, bevor sie mir bewusst wurden.

Als Trainer des Kreuzfahrtschiffes MS-Europa habe ich mich schon öfters gefragt, warum ich von den vielen Gästen an Bord einige Mitreisende am Tag fünf bis sechs Mal sehe und andere Gäste nie. Ich gehe in meine Kabine, der besagte Gast in seine Kabine nebenan. Ich will ins Restaurant, kommt der andere gerade heraus. Ich gehe in die Sauna, hockt der andere schon auf seinem Handtuch und schwitzt vor sich hin. Ich gehe an die Bar, trinkt der schon sein Bier. Ich warte vor dem Fahrstuhl, die Tür geht auf, steht der schon drin. Sag mal, hab ich eine Hasenpfote in der Tasche, oder wieso werde ich verfolgt?

Nun spreche ich den anderen an, wir treffen uns zu einer Tasse Kaffee oder einem Bier an der Bar und fangen an, uns zu unterhalten. Nach kurzer Zeit habe ich den Eindruck,

den anderen schon ewig zu kennen. Wir haben die gleichen Hobbies, kennen die gleichen Leute und waren an den gleichen Orten.
Nach einer Stunde angeregter Unterhaltung gibt mir dieser Gast eine Antwort auf eine persönliche Frage, die mich schon länger beschäftigt. Ich fühle mich total verstanden und habe nun eine Lösung für mein Problem bekommen.

Jeder Mensch, der dir auffällt, hat eine Botschaft für dich. Ebenso jede Situation, in die du hinein gerätst, und jedes Malheur, das dir passiert. Du musst sie nur erkennen. Alles kann wichtig werden – die Auswahl triffst du durch den Filter deiner Wahrnehmung und durch die Entscheidungen über deine Haltung zum Leben.

Also: Hintern hoch – und los!

Die Welt ist ein Spiegel

Dir wird permanent der Spiegel vor die Nase gehalten, und das gilt für alles, was dir im Leben passiert. Deine Freunde, dein Partner, deine Kinder, deine Mitarbeiter – alle Menschen in deiner näheren Umgebung sind deine Spiegelbilder. Selbst dein Hund sieht dir irgendwie ähnlich. Wenn du etwas von dir glaubst – etwa dass du großzügig bist oder eine traumhafte Figur hast –, frag erst mal deine Spiegelbilder, was an diesem Glauben dran ist. Wenn wir wissen wollen, wie die Welt ist, müssen wir nur in den Spiegel schauen.

Die Psychologie sagt: Unsere Selbsteinschätzung ist erst dann realistisch, wenn unser Selbstbild mit dem Fremdbild (d.h. unseren Spiegelbildern) einigermaßen übereinstimmt. Manchmal begegnen wir Menschen, die uns auf Anhieb unsympathisch sind. Wenn du jetzt ganz ehrlich zu dir bist, müsstest du dich fragen: *"....Sag mal, ist es nicht das, was mir an mir selbst auch nicht gefällt?"* Umgekehrt gilt das auch: Wenn ich die Schönheit in einem anderen Menschen sehe, habe ich die Schönheit in mir selbst gesehen.

Aber was machen wir? Wir belegen unser Gegenüber mit irgendwelchen Vorurteilen oder beleidigen es sogar – oder wir vergöttern es. In der Psychologie spricht man hier von *Projektion*. Wir projizieren die Eigenschaften, die wir an uns selbst nicht leiden können, auf Menschen in unserer Umgebung. Oder wir projizieren das, was wir selbst gern werden wollen, auf einen anderen Menschen. Das ist zunächst eine bequeme Lösung, um der eigenen Entwicklung aus dem Wege zu gehen, aber langfristig die Garantie, sich viele Konflikte im Leben einzuhandeln.

Je mehr wir uns der spiegelbildlichen Funktion unserer Mitmenschen bewusst werden, desto weniger müssen wir sie ablehnen oder gar hassen. Im Gegenteil: Gerade den Menschen, die wir ablehnen, können wir dankbar sein, weil sie uns eine dunkle Seite von uns selbst zeigen, die wir vorher noch nicht kannten. Indem wir mit ihnen Frieden schließen, können wir uns selbst vollständiger wahrnehmen – mit all unseren Licht- und Schattenseiten.

Solange wir nur das von uns sehen wollen, was uns angenehm ist, werden uns andere Menschen immer wieder Seiten von uns spiegeln, die wir nicht sehen wollen. Wenn wir uns aber selbst im anderen erkennen, haben wir die Chance, uns zum Positiven zu verändern.

Lieben dich deine Kollegen? Lieben dich deine Mitarbeiter? Bist du gerne gesehen? Wenn du in den Spiegel guckst – lacht dein Spiegelbild dich dann an? Oder sagt du: *„Oh Gott, das bin ja ich!"*

Du schaffst dir deine Welt selbst

Jeder sieht nur das, was er sehen will. Jeder hört nur das, was er hören will. Sagen wir mal, du fährst einen Golf. Jetzt möchtest du ein anderes Auto fahren. Du stellst dir genau vor, wie das Auto aussehen soll: *„Schwarz muss es sein, Marke BMW, Automatik, Klimaanlage, Standheizung, riesige Räder, Navigationssystem, Bose-Soundsystem..."*

Ab jetzt siehst du an jeder Ecke einen schwarzen 3er BMW. Du schlägst die Zeitung auf – wofür werben die gerade? 3er BMW! Du lernst Leute kennen – was fahren die für ein Auto? Einen 3er BMW! Frauen, die ein Baby haben wollen, oder Frauen, die schwanger sind – was meinst du, was die auf der Straße sehen? Nur schwangere Frauen!

Unsere Wünsche bestimmen unsere Wahrnehmung. Das ist offensichtlich. Dieses Phänomen macht aber nur einen Teil unserer Gedankenkraft aus. Tatsächlich erschaffen wir unsere gesamte Wirklichkeit durch unsere Gedanken.

Wir können auch nur das sehen, was wir für möglich halten. Unsere Gehirnhälften müssen erst trainiert werden, damit sie bestimmte Dinge sehen können. Zum Beispiel haben sich Altertumsforscher darüber Gedanken gemacht, warum in alten griechischen Erzählungen nie erwähnt wird, dass Meer und Himmel blau sind. Ihre These: Die Farbe Blau hat sich erst später in der Wahrnehmung differenziert, am Anfang gab es nur die Unterscheidungen von Schwarz, Weiß und Rot.

In der Biologie und der Neurophysiologie hat sich mittlerweile die Erkenntnis verbreitet, dass wir aufgrund der Funktionsweise unseres Gehirns die Wirklichkeit nicht abbilden, sondern selbst konstruieren. Wahrnehmung bedeutet vor allem: Wir fügen äußeren Sinnesreizen unsere eigenen inneren Entsprechungen hinzu. Die *Farbe* einer Orange beispielsweise ist keine objektive Eigenschaft im physikalischen Universum außerhalb von uns, sondern beruht auf einer gewohnheitsmäßigen neuronalen Schaltung innerhalb unseres Gehirns. Das sagt nicht irgendein Mystiker, das sagen unsere anerkannten Kognitionswissenschaftler.

Sind wir uns dieser Tatsache bewusst? Sind wir bereit, uns als Schöpfer unserer Welt anzuerkennen? Dann müssen wir auch Verantwortung für die Ergebnisse unseres Schöpfungsaktes übernehmen und können uns nicht mehr hinter anderen verstecken. Ebenso sollten wir aufhören, es anderen recht machen zu wollen. Denn wenn wir schon unsere eigene Welt schaffen, warum sollte es dann die von jemand anders sein? Schließlich müssen wir selbst Entscheidungen darüber treffen, wer wir sind und wer wir sein wollen. Das kann uns keiner abnehmen.

Um diese Entscheidungen zu treffen, müssen wir die Trägheit des Denkens überwinden. In gewisser Weise müssen wir uns selbst als Persönlichkeiten noch einmal zur Welt bringen. Mama war für den ersten Teil der Geburt zuständig, jetzt sind wir selbst gefragt. Oder wie es Jim Carrey sagt: *„Alles was ich habe, verdanke ich der permanenten Gehirnwäsche, die ich mir selbst verordne."*

Die Welt ist genau das, was wir von ihr glauben. Folglich gibt es die eine „objektive Wirklichkeit" gar nicht. Statt dessen existieren unzählige Wirklichkeiten gleichzeitig, nebeneinander und übereinander gestapelt.

Nun wirst du zu recht sagen: Aber es gibt doch nur eine Wirklichkeit, so wie ich nur einen Personalausweis habe. Es gibt Logik, es gibt allgemeine Gesetze, die ich nicht durch die Kraft meiner Gedanken umbiegen kann. Natürlich kannst du das nicht, aber dafür kannst du bestimmen, welche Größe der von dir geschaffene Teil der Wirklichkeit einnimmt. Es gibt Menschen, die begreifen sich zu neunzig Prozent als Opfer und nur zu zehn Prozent als Täter, bei anderen ist es umgekehrt. Wie ist es bei dir? Je mehr du Täter wirst, desto stärker schaffst du dir deine eigene Welt – deswegen sage ich ja immer wieder: *„Mach flinke Füße, beweg deinen Arsch!"*

Es gibt von allem genug

Das Universum ist freigiebig ohne Ende. Es gibt dir genau das, was du brauchst – Freude ohne Ende, Tränen ohne Ende, Geld ohne Ende, Schläge ohne Ende. Oft scheint es nur so, als würden wir das Gegenteil von dem bekommen, was wir uns gewünscht haben. Dieser Eindruck entsteht, weil wir unsere eigenen Wünsche nicht kennen und weil wir nicht wissen, welche Botschaften wir unbewusst ins Universum senden. Je mehr wir uns darüber bewusst werden, welche Macht unsere Gedanken haben, desto besser können wir Bestellungen im Universum aufgeben – und desto eher besteht die Gewähr, dass wir auch das bekommen, was wir uns gewünscht haben.

Natürlich sollten wir nicht ungeduldig sein, denn es dauert manchmal eine ganze Weile, bis das Universum reagiert – oft haben wir bis dahin die Bestellung schon vergessen.

Im Guten wie im Schlechten – es passiert immer dann, wenn du es nicht erwartest. Neulich hörte ich in einer Seminarpause von einem Teilnehmer folgende Geschichte:

Ein Mann bat ihn auf der Straße um 10 € für eine Reise, aber er hatte keinen 10-€-Schein klein und gab ihm 20 €. Warum so kleinlich sein? Kurze Zeit später traf er einen alten Bekannten, der ihm einen Blanko-Lottoschein gab. Den füllte er aus und gab ihn an der Lottostelle ab. Bei der nächsten Ziehung hatte er vier Richtige und bekam seine Spende vierfach zurück.

Im Grunde müsste jeder, der etwas übrig hat, froh und glücklich sein, jemanden zu finden, der es brauchen kann. Denn der Überfluss will sich verströmen, er ist im wahrsten Sinne des Wortes „überflüssig". Wir können nicht festhalten, was überfliesst. Wir brauchen im Grunde nicht mehr als das, was uns zum Leben reicht.

Das Universum ist sogar freigiebig genug, dass es auch Mangel ohne Ende bereitstellt. Wenn wir den Mangel durch unser Denken herbeirufen, werden wir den Mangel auch empfangen. Denn manchmal brauchen wir Mangel, damit wir uns innerlich entwickeln können. Ohne Mangel hätten wir keine Wünsche, ohne Wünsche keine Ziele, und ohne Ziele würden wir unseren Arsch niemals bewegen.

Je mehr du dich im Mangel glaubst, desto reicher beschenkt das Universum dich mit Mangel. Wenn du schon nicht an den Überfluss glaubst – dann geize doch ein wenig bei deinen Mangelvorstellungen.

Wenn du beginnst, darunter zu leiden, dass irgend etwas in deinem Leben fehlt, dann besinne dich auf alle die Dinge, die du schon hast. Denn wie das Sprichwort ganz richtig sagt: *„Der Teufel scheißt nur auf den größten Haufen."* Also schau erst einmal, dass du die Größe deines Haufens siehst. Weißt du, warum in der Bibel steht: *„Wer hat, dem wird gegeben?"* Wer nicht sieht, was er hat, wer nicht dafür dankbar sein kann – warum sollte der mehr bekommen?

Nach dem Gesetz der Anziehung ist es ganz einfach: Wer an Reichtum denkt, wird beschenkt. Und an Reichtum denken bedeutet eben auch, den Reichtum zu sehen, den wir schon haben, und uns nicht zu konzentrieren auf den Reichtum, den wir nicht haben.

Wenn du alles aus dir herausholst, was als Same in dich gelegt ist, dann wird dieser Ausdruck dein Leben erfüllen. Wenn du die einmaligen Chancen, die das Leben nur dir allein bietet, verstreichen lässt, dann wird das ungelebte Leben dich zerstören. Du bist geboren, um deinen inneren Reichtum zu entfalten und damit für dich und andere sicht- und nutzbar zu machen. Deine Mutter hat dir das Leben geschenkt, damit du dein Leben für andere zum Geschenk machst. Und das kannst du nur, wenn du es dir vorher selbst geschenkt hast.

Gedanken erzeugen Gefühle, Gefühle erzeugen Gedanken

Ein weit verbreitetes Vorurteil besagt, dass Gedanken und Gefühle zwei getrennte Dinge sind. Dennoch widerspricht dem das alltägliche Erleben. Wenn wir etwas Bestimmtes denken, fühlen wir auch etwas – meistens das, was wir in der Vergangenheit in ähnlichen Situationen bei ähnlichen Gedanken gefühlt haben. Gedanken bedingen also Gefühle, und Gefühle bedingen Gedanken.

Vorstellungen sind Ansammlungen von Einzelgedanken, die oft eine bestimmte emotionale Färbung haben. Das Bild, das wir uns von einem anderen Menschen machen, besteht aus lauter Vorstellungen von seinem Verhalten. Diese Vorstellungen werden so lange bestätigt, bis uns dieser Mensch überrascht. Gerade wenn wir einen Menschen nicht so gut kennen, kann es vorkommen, dass unsere Vorstellungen mit der Wirklichkeit des anderen nichts zu tun haben.

Von Paul Watzlawick, einem berühmten amerikanischen Kommunikationswissenschaftler, stammt die wunderbare Geschichte über den Mann mit dem Hammer.

Ein Mann will einen Nagel in die Wand hauen. Er besitzt keinen Hammer, wohl aber sein Nachbar. Der Mann stellt sich vor, zum Nachbarn zu gehen und nach dem Hammer zu fragen. In seiner Vorstellung lehnt der Nachbar die Bitte ab. Wenig später trifft der Mann seinen Nachbarn am Gartenzaun und schreit ihn an: Behalten Sie doch ihren blöden Hammer.

Der amerikanische Psychologieprofessor Mihaly Csikszentmihályi hat sich in ausführlichen Studien mit den

Auswirkungen menschlichen Denkens auf den Lebensweg befasst. Sein Fazit: Was wir erleben, wird im Bewusstsein als Information abgebildet. Wenn wir durch unser Denken auf diese Informationen Einfluss nehmen, indem wir Ereignisse auf eine bestimmte Weise deuten, haben wir auch Einfluss auf unsere Gefühle. Ob wir uns glücklich oder unglücklich fühlen, hängt also von unseren Denkfiltern ab. Menschen können aufgrund positiver Denkmuster und innerer Haltungen schwierige Situationen bewältigen, die andere Menschen in tiefe Depression treiben. Was wir fühlen, hängt davon ab, wie wir denken. Wir sind zu jeder Zeit machtvoll.

Aus der Forschung wissen wir, dass wir etwa 60.000 Gedanken pro Tag haben. Diese alle zu kontrollieren, ist schier unmöglich. Aber zum Glück haben wir eine einfache Möglichkeit, unseren Bewusstseinszustand zu erfassen: Unsere Gefühle zeigen uns an, was wir denken, denn sie sind bereits ein Kondensat von vielen Einzelgedanken. Der deutsche Philosoph Friedrich Nietzsche meint dazu: *„Was sind denn unsere Erlebnisse? Viel mehr das, was wir in sie hineinlegen, als das, was darin liegt. Oder muss es gar heißen: Erleben ist ein Erdichten?"*

Wenn du dir der Macht deiner Gedanken bewusst wirst, kannst du üben, auch auf deine Gefühle Einfluss zu nehmen – etwa, indem du dir bestimmte Bilder vorstellst, die dich in einen angenehmen Gefühlszustand versetzen; indem du mit Affirmationen arbeitest, die bestimmte positive Eigenschaften von dir betonen, mit Worten, die dich voranbringen und Mut machen oder indem du bestimmte Musikstücke hörst, die deine Stimmung positiv beeinflussen. Sogar Situationen und Menschen, die dich aus der Ruhe bringen, kannst du als Übungsfelder benutzen, um deine innere Ruhe und Gelassenheit zu stärken. Das ist nichts anderes als beim Muskeltraining. Wer viel übt, erreicht viel.

Allerdings ist die Beherrschung der Gefühle nicht einfach – denn weitaus mehr Nervenverbindungen leiten Informationen von den Emotionszentren zu den Verstandeszentren als umgekehrt. Das Emotionshirn hat somit weitaus mehr Einflussmöglichkeiten als die „Vernunft". Neurowissenschaftlich nennt man es das *Limbische Gehirn*, das aus den tiefsten Schichten des menschlichen Gehirns besteht. Seine Organisation ist viel einfacher als die des *Neokortex* mit seinen beiden Hälften. Hier liegen die Neuronenschichten nicht regelmäßig übereinander, sie sind vielmehr miteinander verschmolzen. Daher arbeitet es ein paar Millisekunden schneller als der Neokortex, was bei Lebensgefahr entscheidend sein kann.

Wenn du es mal wieder nicht geschafft hast, deine Gefühle zu beherrschen – mach dir keine Vorwürfe! Das passiert jedem Menschen, der Gefühle hat. Gefühle zu haben ist ja auch ein Ausdruck von Vitalität. Durch deine Gefühle kannst du erfahren, was du denkst – und wenn du es schaffst, die Gedanken zu verändern, werden deine Gefühle folgen.

Du kannst dich nicht gut fühlen, wenn du schlechte Gedanken hast. Du kannst dich nicht schlecht fühlen, wenn du gute Gedanken hast. Also produziere dir die Welt in deinem Kopf, die für dich real werden soll. Vergiß nicht: Wir haben jeden Tag die Gelegenheit dazu, egal wo wir liegen, stehen oder sitzen.

Das Gehirn – die beste Apotheke der Welt

Der US-Neurologe Prof. Robert Ornstein sagt: *„Unser Gehirn ist die mit Abstand beste Apotheke der Welt!"* Der Einfluss der Psyche auf das Immunsystem ist mittlerweile ein weltweites Forschungsthema. Botenstoffe und Hormone, die bei Gefühlswallungen ausgeschüttet werden, steuern die Zellen des Immunsystems. Stress, Freude, Depression und Ärger – all das hinterlässt eine chemische Spur in unserem Körper. Was du denkst, beeinflusst deine Gefühle. Was du fühlst, beeinflusst deinen Körper. Angenehme Gefühle machen das Immunsystem stark, unangenehme Gefühle schwächen es. Je mehr Angst wir vor einer Krankheit haben, desto eher bekommen wir sie. Je mehr wir eine Krankheit bekämpfen, desto mehr Macht bekommt sie über uns.

Gesund sein heißt, *sich wohl zu fühlen*, es ist mehr als nur nicht krank zu sein. Es bedeutet: Du bist vital und strotzt vor Lebenskraft. Gesund bist du, wenn schon der Gedanke an Krankheit sich bei dir nicht einnisten kann. Deine Gedanken sind erst stark, wenn du selbst auch stark bist und wenn du gelernt hast, wie ein kleines Kraftwerk zu arbeiten, das seine Energien aus allem erzeugt, was das Leben dir an angenehmen und unangenehmen Situationen beschert, und das einen hohen Wirkungsgrad hat, weil es die Macht der Gedanken gezielt an den Stellen einsetzt, wo du sie brauchst. Schon Hippokrates, der Urvater aller Ärzte, sagte im vierten Jahrhundert vor Christus: *„Wenn du nicht bereit bist, dein Leben zu ändern, kann dir nicht geholfen werden."*

Hast du es geahnt?

Du stehst unter der Dusche, wäschst dein volles Haupthaar, und Bruchteile von Sekunden schießt dir durch den Kopf: *„Ist meine Partnerin die richtige? Mit der soll ich noch zwanzig Jahre zusammen sein? Ich glaube nicht!"* Zwei Jahre später ist die Beziehung vorbei. Du hast es vor zwei Jahren schon gewusst! Du *wolltest* es nur nicht wissen...

Ist es nicht so, dass der Mensch intuitiv immer weiß – Frauen noch besser als Männer –, was richtig und was falsch ist? Wir setzen uns permanent über alles hinweg, aber das steht auf einem anderen Blatt. Bevor ein Ereignis in unser Leben tritt, können wir es bereits erahnen – jedenfalls, wenn wir unsere Fähigkeit in diese Richtung geschult haben.

Solche Fähigkeit zur Voraussage zukünftiger Ereignisse ohne entsprechende harte Fakten nennt man Präkognition (lateinisch: vor der Erkenntnis). Präkognition gehört neben und zur (ASW), die auch als Informationserwerb durch einen anderen als die uns bekannten fünf Sinne bezeichnet wird. Die Fähigkeit zur Präkognition besitzen nicht nur wenige Auserwählte, sondern – mehr oder minder ausgeprägt – wir alle. Vier von zehn Erwachsenen erklären in Umfragen, schon mindestens einmal ein Ereignis vorausgeahnt zu haben, das eigentlich nicht zu erwarten war.

Der US-amerikanische Parapsychologe William Cox verglich über einen längeren Zeitraum hinweg die Passagierzahlen von verunglückten Eisenbahnzügen mit der durchschnittlichen Anzahl von Passagieren auf denselben Strecken im Normalbetrieb. An den Unfalltagen waren deutlich weniger Fahrgäste in den Waggons als an den anderen Tagen.

Offenbar haben viele Menschen Vorahnungen und lassen sich von ihnen leiten – ohne sich dessen bewusst zu sein. Manchmal kommt es auch vor, dass man eine Vorahnung hat und sich nicht von ihr leiten lässt. Dann muss man eben noch lernen...

Um mein Seminar als CD auf den Markt zu bringen, ging ich auf Drängen eines Freundes 1998 in ein Aufnahmestudio. Vorher musste ich einen Vertrag bei einer Vertriebsfirma unterschreiben. Sämtliche innere Alarmglocken klingelten in mir, als ich in deren Büro saß, denn die Vertragsbedingungen waren halsabschneiderisch. Karrieregeil wie ich war, tat ich es trotzdem. Der Verkauf meines ersten Hörbuches „Pass auf, was Du denkst" brachte in den ersten Wochen sage und schreibe zirka 100.000,- DM ein. Von diesem Geld sah ich nicht einen Pfennig. Es war aber meine eigene Schuld, denn ich hatte meinem Verstand geglaubt und meiner inneren Stimme misstraut.

In dieser Zeit bezog eine große Eule auf meinem Grundstück ihr Quartier. Als ich auf einer Sonnenliege faulenzend sie zum ersten Mal erblickte, traute ich mich kaum zu bewegen, wer hat schon eine Eule im Garten? Die will man doch nicht verschrecken. Dann holte ich meine damalige Frau und wir rätselten: Ist es vielleicht doch ein Käuzchen und keine Eule? „Wenn es ein Käuzchen ist und es schreit, dann stirbt jemand", sagte sie. „Nun hör aber auf zu spinnen", antwortete ich.

Um ganz sicher zu gehen, besuchten wir am Sonntag den Berliner Zoo. Wir steuerten zielgerichtet auf die Vogelabteilung zu, die ich sonst keines Blickes gewürdigt hätte. Und dann sahen wir sie: Riesige, große Eulen saßen auf

Baumstämmen und beäugten ihre Mäusemahlzeit. Keine winzigen Käuzchen, die waren gleich nebenan. Erleichtert fuhren wir nach Hause und wunderten uns über unsere Eule im Garten. Es war genügend Wald in der Nähe was hatte das zu bedeuten? Auf dem Nachhauseweg kamen wir überein, dass sie inzwischen bestimmt weg ist. Aber sie sollte den ganzen Sommer bei uns bleiben. Immer zur Abenddämmerung breitete sie ihre Schwingen aus und segelte in Richtung der offenen Wiesen, wo sie wohl ihr Abendessen fing.
Wenig später las ich „Die Prophezeiungen von Celestine" eine Parabel zum Thema „Fügungen und Synchronizitäten". Auch dort taucht eine Eule auf, die vor falschen Menschen und Versprechungen warnt.
Nun begriff ich die Lektion: „Frank, wenn du wieder Geschäfte machen willst, dann mache sie verdammt noch mal allein – ohne Partner, die sich nur an dir bereichern wollen, weil sie selbst keine Ideen haben."
Die Eule verließ unseren Garten im Herbst 1998 auf Nimmerwiedersehen – ihre Botschaft ist mir noch immer präsent.

Auch Pflanzen empfangen Gedanken

In den 1960er Jahren war Cleve Backster als hoher CIA-Angestellter an der Entwicklung des sogenannten Lügendetektors beteiligt – ein Gerät, das kleinste Veränderungen des elektrischen Widerstands der Hautoberfläche registriert. Mittlerweile war er Leiter der Lügendetektor-Schule und unterrichtete Polizei- und Sicherheitsbeamte im ganzen Land. In den frühen Morgenstunden des 2. Februar 1966 schloss er aus Jux seinen Büro-Drachenbaum an einen

Detektor an. Als er nur daran dachte, ihn zu gießen, registrierte das Gerät bereits einen deutlichen Ausschlag – wie bei einem Menschen, der bei einem Lügentest eine starke emotionale Reaktion zeigt. Bei einem zweiten Versuch beschloss Baxter, eines der Blätter mit einem Streichholz zu verbrennen. Noch bevor er das Streichholz in die Hand nahm, hatte die Pflanze bereits reagiert. Backster schloss daraus: Pflanzen haben nicht nur ein messbares Gefühlsleben, sie können auch Gedanken lesen.

Sein Arbeitgeber CIA war alles andere als angetan von seinen neuen Erkenntnissen. Er verlor seine Stelle, schlug sich als Nachtwächter durch und reist bis heute um die Welt, um seine Erkenntnisse zu verbreiten. Zum Beispiel entdeckte er auch, dass Frühstückseier beim Kochen Schmerz empfinden und Salatblätter sich vor Schmerzen winden, bevor sie gegessen werden. Da seine Experimente zwar von anderen wiederholt werden konnten, aber nicht unter allen Umständen und bei allen Personen nachweisbar waren, wie es die Gesetze der empirischen Wissenschaft vorschreiben, erntete er bei der Wissenschaftsgemeinde nur Hohn.

Denn bei einigen Forschern wollten sie partout nicht funktionieren – gemäß der Regel: Du hast immer recht. Bis diese Regel als Grund für den Ausgang von wissenschaftlichen Experimenten anerkannt ist, wird wohl noch ein Weilchen vergehen. Auch hier gilt der Satz: *„Erst verlacht man's, dann macht man's."*

Bis dahin müssen wir uns auf unseren Glauben verlassen – oder auf unsere eigene Erfahrung am heimischen Balkonkasten.

Sprich doch mal mit deinen Blumen!

Die Stimme der Intuition weiß es besser

Hörst du auf deine innere Stimme? Fällt dir auf, dass dir deine innere Stimme gesagt hat, fahr' rechts mit dem Auto? Du bist doch links abgebogen und hast hinterher gesagt, eigentlich wollte ich gleich rechts fahren. Die erste Antwort ist meistens richtig. Und die zweite Antwort ist mein kleines Teufelchen, das mir zu raunt, warum es ja gar nicht so sein kann. Und wenn du auf die zweite Antwort hörst, dann hat die Intuition das Nachsehen.

Nächtliche Träume und Tagträume verraten uns etwas darüber, was uns fehlt oder was sich ankündigt. Wenn wir aufmerksam auf diese Botschaften hören, sind wir offener für alle Wendungen im Leben.

Wie lässt sich die Fähigkeit zur Intuition erklären? Wir alle haben in unserem Gehirn sogenannte Spiegelneuronen, mit deren Hilfe wir das Verhalten anderer Menschen vorwegnehmen können. Wenn wir die Handlung eines anderen Menschen beobachten, werden die gleichen Nervenzellen angeregt wie beim Selbermachen. Gäbe es diese Spiegelneuronen nicht, würde jeder Autoverkehr sofort zusammenbrechen, denn beim Autofahren machen wir nichts anders, als das Verhalten anderer Verkehrsteilnehmer intuitiv einzuschätzen und uns dementsprechend zu verhalten.

Oft wissen wir nicht mal, was wir alles wissen. Unser logisch-rationaler Verstand schiebt sich wie eine Quasselstrippe vor die Botschaften aus der Tiefe des Unbewussten. Manchmal hören wir die Stimme der Intuition ganz klar, aber wir gehorchen ihr nicht. Statt dessen folgen wir unseren Ängsten oder versuchen es anderen recht zu machen.

Wir sind es einfach nicht gewohnt, mal innezuhalten und zu lauschen: Was geht da vor – in mir? Je öfter du dich dazu durchringst, desto leichter wird es dir fallen. Wenn du deiner Intuition vertraust, wird ihre Stimme immer deutlicher zu hören sein.

Du kommst an eine neue Arbeitsstelle. Du stehst in den Räumlichkeiten dieser Firma und dir schießt durch den Kopf: „Ich glaube, hier werde ich nicht lange bleiben!" Du hast recht! Drei Monate später bist du weg!
Du kommst in eine andere Firma. Dein erster Eindruck: „Hey, super gut. Die Kollegen sind toll. Ja, ich glaube, hier werde ich mich wohl fühlen." Nun bist du schon seit 30 Jahren in dieser Firma.

Natascha Kampusch, das Mädchen, welches mit einer Dauer von acht Jahren eine der längsten Freiheitsberaubungen Österreichs erfahren hat, erzählte nach ihrer Befreiung live bei RTL, dass sie als Zehnjährige kurz vor ihrer Entführung ahnte, was passieren würde. Sie sah den Mann und sein Auto und war schon im Begriff, die Straßenseite zu wechseln. Da schaltete sich ihr Verstand ein: Was soll da schon passieren? Der Rest ist bekannt. Oft haben wir Vorahnungen und hören nicht darauf. *„Als wenn ich es geahnt hätte. Ich wusste schon, was kommt."* So reden wir dann – aber oft handeln wir nicht danach.

In den kommenden Zeiten werden wir uns auf viele Veränderungen einstellen müssen, die wir nur mit Hilfe der Intuition verstehen und bewältigen können. Denk immer daran: Man sieht nur mit dem Herzen gut. Das Wesentliche ist für die Augen unsichtbar.

Intuitiv Entscheidungen treffen

Intuition ist der Schlüssel zur Entscheidung. Wo unser rationaler Verstand uns vor eine Fülle von verschiedenen Entscheidungsmöglichkeiten stellt, spricht die Stimme der Intuition klar und eindeutig. Der erste Schritt, der Stimme der Intuition mehr Raum in unserem Leben zu geben, heißt schlicht und einfach: sie besser zu hören, indem man mehr auf sie lauscht. Der zweite Schritt heißt dann: auf sie zu hören. Der erste Schritt ist vergleichsweise einfach. Beim zweiten Schritt müssen wir gegen die Macht der Gewohnheit angehen und uns allmählich aus der Herrschaft unseres rationalen Verstandes befreien. Dafür werden wir reichlich belohnt: Wenn wir auf die Stimme unserer Intuition hören, stellen sich immer mehr Synchronizitäten in unserem Leben ein. Scheinbar ohne unser Zutun sind wir genau zur richtigen Zeit mit der richtigen Person am richtigen Ort.

Entscheidungen treffen fällt uns schwer, weil wir Angst vor dem Ungewissen haben. Entscheidungen konfrontieren uns mit dem Risiko, etwas falsch zu machen. Als faule und bequeme Primaten schieben wir wichtige Entscheidungen soweit wie möglich hinaus, bis wir von der Außenwelt dazu gezwungen werden. Solange wir noch hoffen, bleibt alles beim alten. Erst wenn eine Situation ausweglos wird und wir uns nicht mehr wie gewohnt durchwursteln können, sind wir schweren Herzens bereit, eine Entscheidung zu treffen. Der Leidensdruck muss oftmals erst richtig hoch sein, bevor etwas passiert.

Als Entschuldigung vor uns selbst sagen wir dann: weil es nicht mehr anders ging. Aber es wäre vorher anders gegangen, wenn wir eine Entscheidung getroffen hätten. Dazu hätten wir nur unsere Angst überwinden müssen.

Wer aus der Not eine Entscheidung trifft, der reagiert oder überreagiert – anstatt zu agieren. Warum letzteres besser ist? Agieren lässt mir alle Wahlmöglichkeiten, ich kann souverän in einen Korb von Möglichkeiten greifen, alle gegeneinander abwägen oder mich spontan intuitiv für eine entscheiden. *Re*-agieren macht mich abhängig: von den Absichten und Möglichkeiten der anderen. Und beim Überreagieren tue ich so, als hätte ich alles unter Kontrolle, um vor mir selbst nicht eingestehen zu müssen, dass ich sie längst verloren habe.

Seinen Arsch zu bewegen, das kann daher auch heißen: rechtzeitig Entscheidungen zu treffen, und nicht erst zu warten, bis es ganz schlimm kommt. Meine Mutter pflegte immer zu sagen: *„Morgen, morgen nur nicht heute, sagen alle faulen Leute."*

Am ehesten können wir eine Entscheidung herbei führen, wenn wir uns vergegenwärtigen, dass wir sie längst getroffen haben. Entscheidungen zu treffen heißt nur, sich bewusst zu machen, dass man sie schon getroffen hat.

Ob du willst oder nicht – du bist bereits auf deinem Weg. Nur weißt du noch nicht, wie es hinter der nächsten Weggabelung aussieht. Du folgst nur dem ursprünglichen Gedanken, deiner allerersten Reaktion auf ein Ereignis.

Nun glaube nicht, dort warte ein rabenschwarzer Abgrund auf dich. Wenn du es dennoch glaubst, wundere dich nicht, dass es plötzlich finster ist. Du hast es ja geglaubt und damit in die Welt gesetzt. Du hast nur geglaubt, was die anderen dir eingeredet haben, und willst auf diese Weise noch die Verantwortung auf die schieben, die dich mit ihren Befürchtungen klein gemacht haben.

Es liegt an dir, was du glauben willst. Wenn du entschlossen bist, an deine einzigartigen Potenziale und ihre positive Macht zu glauben, warum sollte sich dann ein rabenschwarzer Abgrund auftun? Dann wirst du rückblickend dankbar sein für die Prüfung, die dir Zugang zu neuen Perspektiven und ungeahnten Stärken verschafft hat. Dann wirst du sagen: Wow – es lohnt sich wirklich!

Gewonnen und verloren wird zwischen den Ohren

Als ich einmal in einem türkischen Hotel als Erfolgstrainer tätig war, hatte mir der Hotelbesitzer freiwillig die beste Suite mit separatem Swimmingpoolzugang reserviert. Einer seiner Freunde hatte eines meiner Seminare besucht und ihn anschließend gebeten, mich richtig zu verwöhnen.

Der Hotelbesitzer empfing mich mit offenen Armen, denn er war sehr angetan von meinen Hörbüchern. Als wir abends beim Essen saßen, erzählte er mir eine Geschichte, bei der ich nur mit halbem Ohr zuhörte, da ich die ganze Zeit mit der Erinnerung an einen bestimmten Geruch beschäftigt war. Er bemerkte meine Unaufmerksamkeit und sprach mich darauf an. Ich gab meinen Fauxpas zu und versprach, mich zu bessern. Dann fügte er etwas hinzu, für das ich ihm bis heute dankbar bin:

> *Wenn man einem Menschen nicht zuhört, fühlt dieser sich nicht respektiert. Er fängt womöglich eine Auseinandersetzung über ein ganz anderes Thema an. Daraus kann dann ein Konflikt entstehen. Aus dem Konflikt erwächst dann ein Streit – und, wenn es ganz schlimm kommt, wird aus dem Streit ein Krieg.*

In jedem Krieg aber gibt es Gewinner und Verlierer – der eine hat die besseren Anwälte, die raffinierteren psychologischen Tricks, mehr Geld oder die besseren Nerven – und der andere hat das Nachsehen.

Was macht aber der Verlierer? Er will sich rächen, und zwar am Sieger. Er lauert auf eine Gelegenheit, es ihm heimzuzahlen. Der Gewinner weiß aber nie, ob und wann er damit Erfolg hat und wie der Gegenschlag aussieht. Er weiß nicht einmal, ob die selbe Person sich rächen wird oder nur eine, die ein ähnliches Verliererschema hat. Auf jeden Fall hast du in der Position des Siegers etwas verloren – ein Stück Zuversicht für die Zukunft. Denn die Rache kommt genau dann, wenn du am wenigsten damit rechnest. Du weißt nicht wann, du weißt nicht wo und du weißt nicht wie...

Seitdem höre ich Menschen, die mir etwas erzählen wollen, richtig zu. Denn ich habe begriffen: Der Krieg fängt damit an, dass man sich nicht zuhört, und er endet damit, dass alle Verlierer sind.

Erst hört man sich nicht richtig zu, und plötzlich fliegt einem die ganze Welt um die Ohren!

Deshalb sage ich: ***„Gewonnen und verloren wird zwischen den Ohren!"***

Glaubenssätze – die Gedanken hinter den Gedanken

Hinter all den Gedanken, die Tag für Tag durch dein Hirn rauschen, verbergen sich einige wenige Glaubenssätze. Es sind die Grundgedanken hinter den vielen, ständig wechselnden Gedanken. Glaubenssätze sind mentale Basisprogrammierungen, beziehungsweise Konditionierungen, die oft unbewusst im Hintergrund arbeiten – wie eine Betriebssoftware, auf der verschiedene Anwendungen laufen. Glaubenssätzen kannst du auf die Spur kommen, wenn du in dich hinein hörst und anfängst, deine inneren Kommentare zum Tagesgeschehen bewusst wahrzunehmen.

Manchmal bedarf es auch eines Spiegels in der Außenwelt, damit dir deine Konditionierungen bewusst werden – denn du bist nicht nur das, was du selbst über dich denkst, du bist auch das, was die anderen über dich denken. Wenn du als Mann glaubst, Frauen seien sowieso die schlechtere Sorte Mensch – kannst du dir vorstellen, auf dieser Basis eine erfüllende Beziehung zu einer Frau aufzubauen? Du wirst nur Horror-Erfahrungen mit Frauen machen. Womöglich denkst du dann, die Frauen seien daran schuld, aber das scheint nur so: Es sind deine Erfahrungen. Wenn du glaubst, für diese Welt zu gut zu sein, dann wird diese Welt dir zeigen, dass du zu gut für sie bist.

Wenn du glaubst, viel zu böse für die Belohnungen zu sein, die diese Welt dir anbietet, dann hört sie eben auf damit. Wenn du glaubst, ein Mensch mit Entscheidungsschwierigkeiten zu sein, dann wirst du nie eine anständige Entscheidung treffen. Wenn du glaubst, die Situationen seien daran schuld, irrst du gewaltig. Du selbst bist es mit deinen Grundüberzeugungen.

Nachdem du dich nun davon überzeugt hast, dass du immer recht hast, überlege doch mal, ob du nicht mit genau dem Gegenteil dessen, womit du früher recht hattest, auch mal eine Erfahrung sammeln willst. Denn immer mit den gleichen Behauptungen recht zu haben, ist doch ziemlich langweilig. Und es kostet ja auch. Oft fühlt es sich verdammt schmerzhaft an, nur Recht zu behalten, wenn einem Zuneigung und Achtung – vor allem Selbstachtung – dabei verloren gehen.

Schlechte Denkgewohnheiten sind nur ebenso zäh wie alle anderen Gewohnheiten – ständiges Training ist daher angesagt. Wenn du dein Unterbewusstsein dabei ertappst, auf den alten falschen Sätzen herumzureiten, erinnere es daran, dass es immer recht hat. Mit alten Glaubensmustern zu brechen, ist keine leichte Übung, denn sie lassen einen zwar leiden, aber im Austausch geben sie auch Sicherheit. Wer verzichtet schon gerne auf ein lieb gewonnenes Stück Sicherheit?

Deine Gedanken begrenzen dich womöglich mehr, als dir lieb ist. Das Gute an der Sache ist nur: Du selbst bestimmst die Grenzen. Oder denkst du schon ausschließlich das, was du denken willst? Dann kannst du gleich das Buch zuklappen.

Stell dir vor, zu dir käme jemand und sagte: Ab jetzt denkst du nur noch, was ich dir befehle! Da würdest du laut protestieren. Genau so ist es aber, wenn du unbewusst denkst. Denn all die Glaubenssätze, mit denen du dich und deine Mitmenschen traktierst, stammen nicht von dir, oder besser gesagt: Sie stammen nur zum Teil von dir. Der andere Teil kommt aus der Außenwelt – von deinem Vater, deiner

Mutter, deinen Tanten und Vorgesetzten. Du musst bewusst sortieren, welche Gedanken du gebrauchen kannst und welche nicht. Sonst hast du die Gedanken, die *gegen* dich und deine Ziele arbeiten, vermischt mit denen, die *dafür* arbeiten. Und was ist das Ergebnis? Das produktive und das negative Ergebnis heben sich gegenseitig auf. Am Ende entsteht nichts, deine Lage bleibt unverändert.

Was du tun kannst? Schreib deine Glaubenssätze auf. Mach eine Liste. Versuche dich daran zu erinnern, wann die Glaubenssätze dir geholfen und wann sie dir geschadet haben. Überlege dir, welche der Glaubenssätze für deine Zukunft nützlich sind. Mach dir Gedanken über neue Glaubenssätze, mit denen du dich anfreunden willst. Sag sie dir immer wieder vor, um dein Unbewusstes neu zu programmieren.

Werte und Regeln

Unsere Werte liegen unbewusst in uns verborgen, allerdings steuern sie unseren Lebensweg. Sowohl Werte als auch Lebensregeln sind eine besondere Form von Glaubenssystemen. Werte stehen hinter unseren Verhaltensweisen, sie bilden unsere Motive. Werte sind Überzeugungen über die Wichtigkeit bestimmter Handlungsweisen.

Bei den Lebensregeln unterscheide ich zwischen zwei Arten: Die einen geben an, welche Voraussetzungen erfüllt sein müssen, damit in uns ein bestimmtes Gefühl ausgelöst wird. Die anderen sagen uns, was wir tun *müssen* und was wir tun *wollen*. Es ist wichtig, dass du durch deine Worte nicht etwas vortäuschst, was du im realen Leben nicht bist.

Werte und Verhaltensweisen müssen zusammenpassen sonst ist das Reden über Werte nur leeres Geschwätz. Ohne Wertschätzung für die anderen wirst du es im Leben nicht weit bringen. Man sieht sich im Leben nicht nur zwei Mal, sondern drei Mal!

Finde heraus, was deine Werte sind. Finde heraus, welche Werte den Menschen in deiner Umgebung wichtig sind. Lass den anderen ihre Werte, konzentriere dich auf deine. Auch das kann heißen: **Beweg deinen Arsch!**

Wir sind zum Lernen hier

In dem Moment, in dem du dich für den Planeten Erde einschreibst, beginnst du einen Lehrgang fürs ganze Leben. Der Unterricht läuft bis zum letzten Atemzug. Es kann dir natürlich passieren, dass du irgendwann wie eine Schachfigur aus dem Spiel herausgenommen wirst, nach dem Motto: *„Er will nicht lernen – ja gut –, dann nehmen wir ihn raus!"*

Manchen Menschen fällt scheinbar alles zu, sie erreichen ihre Ziele mühelos. Ihr Leben verläuft positiv, weil sie positiv denken, ohne sich dessen bewusst zu sein. Andere haben sich in ihren Befürchtungen und Sorgen häuslich eingerichtet. Sie müssen erst mühsam lernen, Selbstbewusstsein zu entwickeln und sich nicht selbst durch ihre eigenen Denkmuster zu behindern. Das kann eine Weile dauern und mit vielen Rückschlägen verbunden sein.

Zunächst ist nur das bewusste Wissen um die Macht der Gedanken da, erst allmählich verwandelt es sich in Lebenspraxis.

Wenn du ein erfahrener Selbstverhinderer bist, dann mach dir eines klar: Jedes Scheitern bringt dich näher an den Punkt der Umkehr und Einsicht. Das Leiden, das du dir in dein Leben ziehst, ist zum Lernen da. Denn der Kosmos will sich auch in *dir* entwickeln. Die Fähigkeit, Gewohnheiten anzunehmen, ist dir genauso gegeben wie die Kraft, mit liebgewonnenen Gewohnheiten zu brechen. Der Unterschied ist nur: Das eine geht ganz leicht und das andere erfordert Anstrengung und Durchhaltevermögen.

Wenn du eine Aufgabe nicht zu Ende bringst, wird das Universum dir einen Menschen präsentieren, mit dem du an *der* Stelle bei der Aufgabe weitermachen kannst, bei der du vorher abgebrochen hast. Es ist wie in der Schule: Wenn du eine Klasse nicht zu Ende bringst, darfst du wiederholen. Deshalb sind Ausdauer und Entschlossenheit wichtiger als Talent – denn nichts ist so häufig wie erfolglose Leute mit Talent.

Worauf bist du stolz und was macht dich froh? Es ist doch nicht der Spaß, den du hattest. Es sind die Krisen, die du überstanden, und die Herausforderungen, die du gemeistert hast. Du hast Erfahrungen gesammelt, weil du nicht das bekommen hast, was du eigentlich wolltest. Also, was willst du dich beschweren, wenn es mal eng wird im Leben?

Im nachhinein wirst du feststellen, dass jede Prüfung dich ein Stück weiter gebracht hat. Du musstest diese Lektionen Schritt für Schritt in deinem Leben durchnehmen, um sie zu verstehen.

Das Universum serviert uns genau die Lektionen, die wir zu lernen haben, weil sie unserem gegenwärtigen Wissensstand angemessen sind. Wenn wir sie nicht meistern, dürfen wir die Klasse wiederholen. Manchmal mit den gleichen

Menschen, manchmal präsentiert uns ein anderer Mensch dasselbe Problem.

Der Dalai Lama sagt dazu: *„Wenn du verlierst, verlier die Lektion nicht."*

Wenn du dich von deinem Partner trennst und einen neuen Partner kennenlernst, wirst du genau dort weitermachen, wo der andere aufgehört hat – so lange, bis du deine Lektion kapiert hast. Wiederholung ist zum Lernen nötig. Ein guter Lehrer sagt immer den gleichen Quark. Uns passiert immer dieselbe dumme Geschichte. Alle fallen ständig auf den gleichen Trick herein.

Oft begreifen wir erst im nachhinein, dass wir unsere Lektionen in genau der richtigen Reihenfolge gelernt haben und notwendigerweise immer ein Ereignis zum anderen führte.

Mein Vater hat immer zu mir als Junge gesagt: *„Du kannst immer hinfallen, aber wenn du liegen bleibst, dann kriegst du von mir noch eine oben drauf."*

Laufen zu lernen geht nicht ohne hinzufallen. Wir müssen immer wieder hinfallen, um aufstehen zu lernen. Das gilt auch für berufliche und private Niederlagen im Erwachsenenleben. Manche Leute nehmen hohe Risiken auf sich, fahren ihre Firma gegen die Wand oder verzocken ihr ganzes Vermögen. Aber genau diese Leute stehen immer wieder auf und gründen eine neue Firma, sind morgen wieder im Rennen und ganz oben auf. Selbst unser ehemaliger Bundeskanzler musste einige Hürden nehmen, um Bundeskanzler zu werden und hat doch sein Ziel erreicht. Die persönliche Stärke liegt darin, aus Niederlagen das Positive rauszuziehen und sich zu sagen: *„So darfst du es nicht machen, mach es anders!"* Du lernst aus deinen Fehlern und machst dann andere. Wir machen keine Fehler, wir lernen. Du hast noch nie einen Fehler begangen, du hast gelernt. Höre in dich hinein. Du weißt genau, was für dich richtig und was für dich falsch ist.

Was singt Udo Jürgens? *„Wer nicht verliert, hat den Sieg nicht verdient."*

Probleme sind Chancen in Arbeitskleidern

Wenn du anfängst, überall auf der Welt Probleme zu sehen, werden es immer mehr Probleme, und du kannst kein einziges davon lösen. Probleme werden nicht dort gelöst, wo sie sichtbar werden, sondern dort, wo sie entstanden sind. Du reparierst doch auch nicht das Warnlämpchen in deiner Armatur, wenn es aufblinkt, sondern kippst Öl nach.

Wenn ein Problem auftritt, fehlt etwas oder ist etwas im Übermaß vorhanden. Das Zuviel und das Zuwenig schaffen gleichermaßen Probleme. Erich Kästner sagte: *„Auch aus Steinen, die dir in den Weg gelegt werden, kannst du etwas Schönes bauen."*

Als Jugendlicher hab ich mir gesagt: *„Morgen, morgen."* Der Kommentar meiner Mutter war: *„Es wird nicht weniger, es wird mehr. Man muss die Probleme sofort angehen."*

Die schlechten Sachen müssen sofort weggearbeitet werden. Aber es hat keinen Sinn, die Probleme von anderen lösen zu wollen. Es muss bei einem selbst „klick" machen.

Du selbst musst den Knopf im Kopf drücken. Wenn du gut gemeinte Ratschläge gibst, sagt der andere nur: *„Ja, Ja"*, und wurschtelt sich genauso durch wie vorher.

Den Lauf der Welt veränderst du nur in deinem persönlichen Umfeld, die einen mit mehr, die anderen mit weniger Hebelwirkung. Doch du bleibst immer in deiner Welt und deiner Heimat. Wenn du die Dinge nicht beeinflussen kannst, dann lass ihnen einfach ihren Lauf. Akzeptiere sie einfach. **Wenn du nicht hast, was du liebst, musst du lieben, was du hast!**

Das beste Gebet, das ich kenne, um meinen Größenwahn zu beruhigen, heißt: *„Herr, gib mir die Kraft, die Dinge zu verändern, die ich verändern kann, und die Dinge zu akzeptieren, die ich nicht verändern kann, und die Weisheit, beides voneinander zu unterscheiden."*

Das muss man sich auf der Zunge zergehen lassen, besonders, wenn man wieder einmal sinnlos seine Energien auf etwas richtet, was ohnehin schon gelaufen ist. Damit aufzuhören, erfordert richtig viel Arbeit!

Von Einstein ist der Satz überliefert, dass man die Probleme nicht mit dem selben Denken lösen kann, das sie geschaffen hat. Wenn wir ein Problem wirklich lösen wollen, müssen wir also bereit sein, unser Denken umzukrempeln und Sichtweisen einzunehmen, die wir vorher für „unmöglich" gehalten haben.

Wer wagt, gewinnt

Die meisten Menschen wollen eine Garantie haben, bevor sie etwas tun. Wenn sie eine Bestellung aufgeben, wollen sie eine Garantie haben, dass das Bestellte auch geliefert wird. Wenn sie studieren, wollen sie eine Garantie haben, dass sie hinterher einen Arbeitsplatz bekommen.

Du musst begreifen: Im Leben gibt es keine Garantien und keine Berechtigungsscheine. Garantien können wir uns höchstens einbilden. Das Ziel, das du da im Kopf hast, kommt so einfach – so kühn kannst du gar nicht denken. Ich kann der beste Schuster in der Stadt sein – wenn mir keiner seine Schuhe bringt, dann muss ich etwas anderes machen! Wenn keiner meine Vorträge hören will und keiner mein Buch liest – dann muss ich etwas anderes machen.

Das einzige, was dir das Leben hundertprozentig garantieren kann, ist der Tod. Für alles andere gibt es nur Wahrscheinlichkeiten.

Deshalb brauchst du dich nicht entmutigen zu lassen. Wenn du einen Plan für die Zukunft hast, hör dir ruhig alle Zweifler und Nörgler an. Vielleicht haben sie ja recht, und du machst besser etwas anderes. Wenn es aber der Plan ist, den du unbedingt realisieren musst, weil er auf deinem ganz persönlichen Lebensweg liegt, dann können sie sowieso nichts ausrichten, denn du hast ein bedingungsloses *„Ja"* für die Sache. Selbst wenn die Sache am Ende den Bach runter geht, dann hast du eben eine neue Erfahrung gemacht. Die hilft dir beim nächsten Mal, ein viel größeres Ziel zu erreichen. Alle Großen sind mal ausgebremst worden und haben verloren. Manchmal gewinnt man, manchmal gewinnen die anderen – so ist das Spiel.

Nur wenn du ein Risiko eingehst, kannst du gewinnen. Und wenn es nur die Selbsterkenntnis ist. Wenn du aber kein Risiko eingehst, dann hast du von Anfang an verloren. Dann bleibst du sitzen auf dem wenigen, was du schon hast oder kannst. Man kann nicht leben, ohne sich in Gefahren zu begeben.

> *Als ich einmal aus der Türkei zurück kam, holte mich Volker ab, mein Taxifahrer in Potsdam, und ich sagte:*
> *„Und Volker – Taxi fahren ist toll, oder?"*
> *„Ne!"*
> *„Warum machst du es denn?"*
> *„Ich weiß ja nicht, was ich sonst machen soll!"*
> *Ich sagte: „Volker, angenommen du könntest dir etwas aussuchen – was würdest du gerne machen?"*
> *„Ach, das geht ja sowieso alles nicht!"*
> *Daraufhin sagte ich: „Volker, das habe ich nicht gefragt! Angenommen du könntest es dir aussuchen – was würdest du denn gerne tun?"*
> *„Ach, selbständig machen in Deutschland lohnt sich sowieso nicht!" Meinst du, der Typ hätte mir sagen können, was er will? Er wusste nicht, was er wollte! Er wird weiterhin in seinem Taxi sitzen und damit unzufrieden sein.*

Meist ist es die Angst vor Fehlschlägen, weswegen wir kein Risiko eingehen wollen. Dabei sind Fehlschläge doch nichts anderes als Gelegenheiten, von vorn anzufangen – aber auf intelligentere Weise. ***Tief im Meer liegen die großen Schätze verborgen – Sicherheit findest du am Ufer.***

4 Es kommt alles zu dir zurück

„Gedanken werden zu Worten! Worte werden zu Taten! Taten werden zu Gewohnheiten! Gewohnheiten werden zu deinem Charakter! Und dein Charakter wird zu deinem Schicksal!" (Talmud)

Diese unvergleichlich präzise Fassung eines grundlegenden biografischen Gesetzes beschreibt den Kreislauf der Gedanken, die sich immer mehr verfestigen und verdichten. Erst ist es nur ein harmloser Gedanke, unwichtig, beliebig, wie du meinst. Doch dann verbindet sich dieser Gedanke mit einer großen Erzählung: deinem Schicksal.

Unter „Schicksal" verstehen wir normalerweise etwas, wofür wir nichts können, worin wir uns nur fügen können. Denn Schicksal ist das, was einem geschickt wird. „Schicksal" ist soviel wie „Glück" oder „Pech" oder auch „Zufall". *„Das war eben Schicksal!"*, sagen wir, um die Verantwortung für den Teil von uns weg zu schieben, der womöglich selbst das Ruder in der Hand hatte.

Wenn wir ehrlich sind, müssen wir zugeben, dass wir unser Schicksal schon oft geahnt und oft herausgefordert haben. Wir haben da mitgemacht durch die Entscheidungen, die wir im Leben getroffen haben. Wir haben gedacht, und es hat Folgen gehabt. Genau die, die wir uns gedacht haben. Denn wir sind alle zugleich die Boten und die Empfänger unseres Schicksals. Was wir losgeschickt haben, fällt auf uns selbst zurück – das ist Schicksal.

„Was du säst, wirst du ernten." Das ist die Kurzfassung des Talmud-Gesetzes. Die Saat der Gedanken geht auf. Du

bist der Gärtner. Also frage dich selbst: Was soll bei dir blühen?

Stell dir vor, du wärst ein Mafiaboss und hättest überall deine Killer, die jeden umbringen, der gegen deine Interessen handelt, dich verrät und dich bestiehlt – glaubst du nicht auch, dass du eine erheblich höhere Chance hast, an Bleivergiftung zu sterben, als ein pensionierter Kleingärtner oder eine Mutter von drei Kindern? Wenn du ein Imker bist, der seine Bienen kennt und liebt – meinst du, sie würden dich stechen?

Alles kehrt zu dir zurück: die Küsse, die Freuden, die Großzügigkeit und Herzlichkeit, die du anderen schenkst. Aber auch die Kugeln und die Flüche, die du anderen schickst. Welcher Energie willst du Raum geben?

Gedanken werden zu Worten

Wie Gedanken zu Worten werden, das kannst du täglich an dir beobachten. Zwar sagst du nur einen Bruchteil dessen, was du denkst, aber alles, was du sagst, beruht auf Gedanken auch wenn es oft nicht den Anschein hat. Denn wir alle neigen dazu, die Gedanken hinter unseren Worten gar nicht wahrzunehmen. Wir reden einfach drauf los aus lauter Gewohnheit, wir plappern und texten uns gegenseitig zu, ohne uns Gedanken darüber zu machen, was wir denken, während wir reden. Gute Gedanken bringen Gewinn, schlechte Gedanken bringen Verlust. Es hat schon in uns gedacht, wir haben nur vergessen *was*. Oft denken wir etwas Negatives. Wenn wir die Tür aufmachen und die negativen Gedanken rein lassen – müssen wir uns dann wundern, wenn die es sich bei uns gemütlich machen? Ein negativer Gedanke verbündet sich mit allen seinen Freunden – und das sind viele! Da haben die positiven Gedanken anschließend kaum noch eine Chance. Also: Pass auf, was du denkst, denn eines Tages sprichst du deine Gedanken aus. Dann haben sie sich weiter verfestigt und schaffen stärkere Folgen – gute, schlechte, je nachdem, was du herbeigerufen hast.

Worte werden zu Taten

Stell dir vor, in der Mittagspause sagst du zu deiner Arbeitskollegin: *„Ich ess für mein Leben gern Süßes."* Und wenn du jemand Neues kennen lernst, sagst du dasselbe. Wenn du jetzt abends allein in deinem Zimmer sitzt und genau weißt, dass in deinem Kühlschrank noch ein leckeres Osterei liegt – was tust du dann? Genau das, weswegen du schon seit Jahren eine Diät nach der anderen machst. Deine Worte sind zu deinen Taten geworden. Oder du beleidigst jemanden, ohne es zu merken – futsch, der Auftrag ist fort, der Partner ist über alle Berge... Taten sind übrigens auch solche, die wir unterlassen. Als Unternehmer scheiterst du oft an dem, was du *nicht* tust – du machst keine Werbung, du bist nicht freundlich, du hörst nicht zu. Alles, was wir *nicht* tun, alle Worte, die wir *nicht* denken, entfalten ihre Wirkung. Stell dir vor, du würdest anfangen, alles was ich dir hier erzähle, umzusetzen. Dann würde sich gewaltig was ändern, gewaltiger als du es dir jetzt vorstellen kannst. Deshalb: Pass auf, was du sagst, denn eines Tages tust du es auch.

Taten werden zu Gewohnheiten

Wenn dir die Bauchlappen über die Knie hängen, die Medikamentenschachteln sich auf deinem Nachttischschrank stapeln oder die unbezahlten Rechnungen auf deinem Schreibtisch – dann bist du kein Einzeltäter mehr, sondern ein Gewohnheitstäter. Du hast also nicht nur einmal etwas getan, was du nicht hättest tun sollen, oder nicht nur einmal unterlassen, was du hättest tun sollen, sondern immer und immer wieder. Und dafür bekommst du die Rechnung in Form einer Gewohnheit, die du so schnell nicht wieder los wirst. Da musst du richtig was für tun.

Wenn du wie jeden Tag topfit die Tür zu deinem Garten aufmachst und die würzige Luft voller Freude in deine Lungen lässt, dann hat dieser Zustand auch nicht an diesem Tag begonnen. Dann sind ihm viele positive Gedanken und Taten vorangegangen.

Also: Pass auf, was du tust, denn wenn du es immer öfter machst, dann wird es eines Tages zur Gewohnheit.

Gewohnheiten werden zum Charakter

Du denkst vielleicht, dass dein Charakter aus deiner Kindheit stammt und von Papi und Mami vorfabriziert ist. Du willst mich und andere vielleicht glauben machen, dass du nichts für deinen Charakter kannst. Damit kommst du nicht durch – bei niemandem. Denn du hast deinen Charakter selbst geformt. Du hast selbst aufgrund bestimmter Ereignisse und Erlebnisse Entscheidungen getroffen, so und nicht anders zu werden. Vielleicht war es keine bewusste Entscheidung, aber es war eine. Oft zeigt sich erst anhand der Folgen, welche Entscheidung jemand getroffen hat. Du merkst es meistens erst hinterher. **Du bist, *was* du bist, weil du bist, *wie* du bist!**

Dein Charakter bildet sich hinter deinem Rücken. Du hast eine Gewohnheit, irgendeine dumme Angewohnheit, die du für völlig normal und harmlos hältst – und plötzlich ist daraus dein Charakter geworden. Du bleibst morgens eben gerne mal im Bett liegen – schon bist du ein fauler Sack. Du trinkst eben gerne mal etwas mehr – schon bist du ein Alkoholiker. Und du meckerst eben mal gerne – schon bist du ein Griesgram.

Als Hilfe zum Charaktercheck solltest du Angebote aus deiner Umgebung annehmen. Wenn ein anderer über dich etwas sagt, was dir auf Anhieb missfällt, dann steckt dahinter eine Chance für dich: Du kannst besser begreifen, wer du bist. Denn du bist nicht nur das, was du selbst über dich denkst – du bist auch das, was die anderen über dich denken. Bestenfalls klaffen dein Selbstbild und das Fremdbild nur wenig auseinander. Wenn der Spalt sehr tief ist, dann ist dein blinder Fleck besonders groß. Dann hast du was, an dem du arbeiten kannst. Also: Pass auf, wie du bist, denn eines Tages sieht man es dir an. Irgendwann ist man für sein Gesicht selbst verantwortlich.

Joseph Murphy erklärte: *„Der Mensch ist genau das, was er den ganzen Tag denkt und empfindet, und sein Charakter ist die Summe seines Denkens."*

Der Charakter wird zum Schicksal

Wenn du blind geboren bist, ist das einfach die Art und Weise, wie du hier auf dieser Welt existierst. Zu deinem

Schicksal gehört vor allem, was du aus diesem Blindsein machst – ob du dich ewig grämst, etwas nicht zu haben, was fast alle anderen haben, oder ob du eine Arbeit findest und eine Frau, die dich liebt –, das ist dein Schicksal. Aber sagen wir, du hast einen Motorradunfall und wirst anschließend blind – dann hattest du den Unfall, weil du unachtsam warst – und diese Unachtsamkeit im entscheidenden Moment ist die Folge deines Charakters.

Dir laufen immer die Frauen weg und du verlierst immer die Arbeitsstellen oder die fähigen Mitarbeiter? Das ist dein Schicksal, weil es eine Folge von deinem Charakter ist, der sich in deinen Gewohnheiten zeigt, die auf einzelnen Taten beruhen, denen Worte zugrunde liegen, welche die Folge von Gedanken sind. Nicht ein grausames Schicksal führt dich in den Abgrund, sondern dein fehlgeleitetes Denken. Jeder Gedanke ist ein Samenkorn, aus dem ein ganzer Urwald werden kann.

5 Die Zeit läuft immer schneller

Veränderungen im beruflichen Leben, Innovationszyklen bei technischen Geräten, Planungszeiten bei Konzernen, Börsenzyklen – das Rad der Zeit dreht sich immer schneller, die Ordnung des gesellschaftlichen Lebens wird immer labiler. In den letzten zehn Jahren ist mehr passiert als in den fünfzig Jahren davor, und in den letzten fünfzig Jahren ist mehr passiert als in den fünfhundert Jahren davor. Durch die Veränderung der kosmischen Einflüsse nimmt die Geschwindigkeit der Transformation unserer Lebensbedingungen ständig zu.

Anhand unserer Handys sieht man das besonders deutlich. Kennst du noch dieses C-Netz? Als 1992 das C-Netz herauskam, da waren doch manche Leute immer so wichtig. Und weil die so wichtig waren – und es gibt ja Leute, die sind unheimlich „wichtig" –, rannten die immer mit einem Koffer herum. Weißt du das noch? Da ist man in die Kneipe gegangen, und da war so ein wichtiger Typ, und weil der so wichtig war, musste der da eben mal ein bisschen telefonieren. Dann saß er in der Kneipe und hatte sein Handy auf „standby", und man dachte sich: *„Was schleppt der denn da mit sich herum?"* Dann kam irgendwann dieser Knochen von Motorola heraus. Kennst du das noch? Das sah dann aus, als ob man bei der Bundeswehr *Kradmelder* ist.

Wenn du dir mal ansiehst, wie die Dinger jetzt aussehen: Fax und Email und was weiß ich, was die Dinger alles können. Es ist eine Frage der Zeit, da bekommt man das Handy wahrscheinlich implantiert. Also – das Baby kommt auf die Welt, und der Arzt fragt die Mutti dann: *„Soll der Junge denn E-Netz haben oder D2?" „Unser Kind telefoniert* *mit D1!"* Okay, Füsschen hoch, Finger naß gemacht, so einen kleinen Chip genommen und schön hinten rein! *„Soll er vielleicht auch noch D2 haben, dann hat er immer Funkkontakt?" „Aber ja, Herr Doktor!"*

Die Lebensbedingungen auf unserem Heimatplaneten verändern sich mit atemberaubender Geschwindigkeit. Geologen haben herausgefunden, dass der Erdmagnetismus kontinuierlich abnimmt, was zur Folge hat, dass die Rotationsenergie und Drehgeschwindigkeit des Erdkerns abnimmt. Eine Verstärkung dieser Tendenz kann sogar einen Polsprung bewirken – mit gewaltigen Folgen für das Erdklima.

Ebenso steigt die Durchschnittstemperatur der Atmosphäre langsam, aber stetig, was den Klimawandel in nie da gewesener Weise beschleunigt. Durch die verstärkte Neutrino-Einstrahlung von der Sonne auf die Erde wächst der Erdradius jedes Jahr um 6 cm. Da so der Sonnentag immer länger wird, müssen unsere Atomuhren, die auf 10.000 Jahre genau gehen sollen, in letzter Zeit immer wieder nachgestellt werden.

Ein weiteres Klima-Phänomen ist die sogenannte Schumann-Frequenz. Diese Frequenz ist eine elektromagnetische Schwingung zwischen der Erdoberfläche und den elektrisch leitenden Schichten der Lufthülle, der Ionosphäre. Mit ihrer positiven Ladung bildet sie einen Gegenpol zur negativ geladenen Erdoberfläche. Die elektrische Spannung zwischen den Polen entlädt sich regelmäßig durch mehr oder weniger heftige Gewitter.

Die Grundfrequenz der Erde (Schumann-Frequenz) liegt bei zirka 7,8 Hz. Dieser Wert liegt an der unteren

Grenze des Alpha-Bereichs bei den menschlichen Gehirnfrequenzen. Das ist kein Zufall, sondern entspricht auch dem Gesetz der Resonanz. Denn im Lauf der Evolution haben die Menschen ihre Gehirnfrequenzen den natürlichen Gegebenheiten ihres Lebensraumes angepasst.

In den letzten zwanzig Jahren stieg aufgrund der inzwischen messbaren Verschiebung der Erd-Magnetpole und der Erderwärmung die Schumann-Frequenz durchschnittlich von 7,8 Hz auf 8,4 Hz an. In Zukunft soll sie sich bis auf 13 Hz beschleunigen.

Dass die Sonne ebenfalls eine elementare Einflussgröße für unser Bewusstsein ist, ist nur wenigen bekannt. Bewusstsein und Stimmungslagen stehen unter direktem Einfluß ihrer Aktivitäten. Seit etwa zehn Jahren zeigt sich die Sonne mit einer nie zuvor beobachteten Aktivität.

Aus dem galaktischen Raum gelangen seit Bestehen der Erde elektrische Partikel auf die Erde. Wissenschaftler haben seit den sechziger Jahren unerklärlich starke Gammastrahlen festgestellt und dies auf einen Photonengürtel im Sternbild der Plejaden zurückgeführt, dem sich unser Sonnensystem annähert. Der Kontakt mit diesem Lichtring verändert alle energetischen und materiellen Strukturen auf unserem Planeten und löst auf der Erde zahlreiche Katastrophen aus – Kälteperioden, Überflutungen, Erdbeben, Vulkanausbrüche und massive Klimaveränderungen in einzelnen Regionen.

Grazyna Forsar und Franz Bludorf, zwei Naturwissenschaftler und Experten in Sachen Elektromagnetismus, fassen die Erkenntnisse in ihrem Buch „Zaubergesang" zusammen: *„Wenn also aufgrund der klimatischen Veränderungen auf der Erde das natürliche Spektrum der Schumann-*

Wellen uns einerseits einer sich stetig verstärkenden Alpha-Frequenz, andererseits aber einem ebenfalls immer intensiver werdenden Beta- und Gamma-Wellenspektrum aussetzen würde, so würde dies bedeuten, dass wir alle in unserem Bewusstsein auf einen Zustand stark erhöhter Wachsamkeit und erweiterter Fähigkeiten hinsteuern."

Daher werden uns in nächster Zeit viele neue technische, politische und soziale Lösungen begegnen. Oder wir selbst werden daran beteiligt sein, sie zu entwickeln. Denn unsere Zukunft ist kein willkürliches Schicksal, sondern genau das, was wir aus ihr machen. Zukunft ist die Wirkung von Ursachen, die wir jetzt setzen. Immer häufiger werden wir in Zukunft erfahren: Was eben noch belächelt wird, ist morgen gängige Lehrmeinung. Erst verlacht man's, dann macht man's.

Wenn wir nicht wahrhaben wollen, was sich in Zukunft verändert, dann bleiben wir auf der Strecke. Und diejenigen, die richtig vorbereitet sind, werden sagen: *„Okay, ich habe gewusst, was auf mich zukommt!"*

Der Chinese sagt: *„Wenn der Wind der Veränderung weht, bauen die einen Windmühlen und die anderen Mauern."*
Und was machst du?

Die Menschen müssen jetzt dafür offen sein, die kritische Masse muss erreicht werden. Erst wenn das morphische Feld, welches wir Menschen durch unsere Gedankenaktivität erzeugen, stark genug ist, kann sich in der Gesellschaft etwas ändern.

Niemand kommt hier lebend raus

Wir sind hier, um Schöpfer zu sein. Wir sind hier, um etwas aus unserem Leben zu machen. Das können wir aber nur, wenn wir uns den Gesetzen des Lebens stellen. Das heißt aber auch, dass wir unseren Tod akzeptieren als Bestandteil der großen kosmischen Ordnung.

Das Leben ist ein Spiel! Und dieses Spiel endet immer gleich: tödlich – so oder so! Für mich auch! Da haben wir alle 80 Jahre lang die Zähne geputzt, um am Ende doch ins Gras zu beißen...

Solange wir vor dem Tod davonlaufen, werden wir mit dem Leben nicht klarkommen. Die Auseinandersetzung mit dem Tod ist eine ganz wichtige Prüfungsaufgabe in der Schule des Lebens. Warum du sterben musst? Du willst nicht lernen, du willst nicht verstehen, und die Natur hat es verdammt klug eingerichtet, uns rechtzeitig zu entsorgen. Nach zirka neunzig Jahren ist Schluss. Da ist Schicht im Schacht, da ist der Apfel geschält, die Wiese gemäht und der Drops gelutscht.

Im Buddhismus heißt es: Wir haben im Leben nur eine Gewissheit, den Tod. Wir wissen nicht, wann er kommt, aber wir wissen, dass er kommt.

Wie es ist zu sterben, darüber können uns Menschen berichten, die dem Tod nahe waren. Ihre Berichte sind deshalb so wertvoll, weil sie unsere Angst vor dem Tod mildern können. Mir hatte mein Bruder die Augen geöffnet. Seitdem sehe ich dem Tod gelassener entgegen.

Eine Gallup-Umfrage ergab Mitte der 80er Jahre, dass zirka fünf Prozent der amerikanischen erwachsenen Bevölkerung ein Nahtoderlebnis hatten. Nach der Systematik von Raymond Moody, der als erster systematisch Befragungen bei dieser Gruppe vorgenommen hat, haben sich 26 Prozent außerhalb ihres Körpers befunden, 23 Prozent hatten visuelle Erinnerungen, 17 Prozent akustische Erinnerungen. Knapp ein Viertel der Befragten berichtete, alte Bekannte und Verwandte oder ein strahlendes höheres Wesen getroffen zu haben. Zirka ein Drittel aller Befragten konnte in einer Art Kurzfilm auf ihr Leben zurückblicken. Sie fühlten keinen Schmerz und waren erfüllt von dem Gefühl, in einer anderen Welt zu sein.

Andere Forscher fanden heraus, dass ein Nahtoderlebnis fast immer mit einer höheren Wertschätzung des Lebens, einem Eintreten für bedingungslose Liebe und einem nachlassenden Interesse an materiellen Werten verbunden ist. So etwas ähnliches muss auch Johann Wolfgang von Goethe im Sinn gehabt haben, als er die Zeilen schrieb: *„Solange du dieses nicht hast, dieses ewige stirb und werde, solange bist du nur ein Gast auf dieser trüben Erde."*

Lebe dein Spiel „Leben" so angenehm wie möglich, und höre nicht darauf, was dir andere da draußen erzählen und wer dich draußen verrückt macht! Wann hast du gelebt? Wann bist du gereist? Wann warst du unterwegs an den schönsten Plätzen der Erde? Was du gelebt hast, das kann man dir nicht nehmen...

Wir fragen uns oft, was wir vom Leben erwarten können. Und wir fühlen uns häufig vom Leben ungerecht behandelt bis wir begreifen, dass das Geschenk des Lebens das Leben selbst ist. Jedes Ende ist ein neuer Anfang.

Die Geschichte vom Kaufmann

Ein Geschäftsmann war mit sich selbst, seinen Beziehungen und mit seinem Geschäft mehr als unzufrieden. Seine Frau wollte ihn verlassen, sein Geschäft war verschuldet, und er war müde seiner Kraft- und Mutlosigkeit. Als er eines Abends Bilanz über sein Leben zog, beschloss er, sich am übernächsten Tag umzubringen. Nach diesem Entschluss sah er dem nächsten und gleichzeitig letzten Tag in seinem Leben gelassen entgegen.

Sein letzter Tag brach an. Froh über das nahe Ende seines Leidens, genoß er an diesem Tage sein Frühstück und fand sogar liebende und lobende Worte für seine Frau.

Heiter verabschiedete er sich und machte noch einen Umweg zu seinen alten Freunden, für die er schon Jahre keine Zeit mehr hatte. Zu jedem sprach er freundliche, wohlwollende Worte, hatte Zeit und ein Ohr für ihre Probleme. Er hatte ein Lächeln für jeden. Er genoss die Morgensonne auf dem Weg ins Geschäft. Dort nahm er sich seiner Kunden ganz besonders herzlich und fair beratend an. Frei vom Verkaufsdruck präsentierte er seine Produkte mit großer Rücksicht auf den wirklichen Bedarf der Kunden.

Als er am Abend Kasse machte, stellte er fest, dass er an diesem Tag den besten Umsatz seit langem gemacht hatte. Zu Hause empfing ihn seine Frau wie in den Anfangszeiten seiner Ehe und servierte ihm sein Lieblingsmahl mit größter Aufmerksamkeit.

In der kommenden Nacht erkannte er, dass es eigentlich keinen Grund mehr für seinen geplanten Selbstmord gab. Der Grund dafür war: Er hatte seine Einstellung zum

Leben geändert; und das Leben hatte es ihm gedankt. So beschloss er, von nun an jeden Tag als seinen „letzten Tag" auf Erden zu leben.

Es ist alles nur auf Zeit, alles nur geliehen. Wenn man das ernst nimmt, hat man es einfacher mit dem Loslassen. Alte Filme zeigen einem das ebenso wie abgeschobene oder verstorbene Prominente, aber auch Berichte über Wohnungen, die in Fluten untergehen oder im Feuer verlöschen. In den USA verlieren die Menschen auf Grund von Spekulanten und windigen Bankfinanzierungen ihre Häuser und damit ihre Altersversorgung. *„Wie gewonnen so zerronnen. Besitz erfreut, Besitz belastet."* Das ist die ganze Wahrheit.

Schon Sokrates bekannte vor 2.400 Jahren: *„Ich bin erfreut zu sehen, wie viele Dinge es gibt, die ich nicht brauche."*

Nur was du selber siehst und riechst und tastest, das kann dir keiner wegnehmen, das gehört dir ganz allein. Also was hält dich ab, es zu geniessen? Der Erfolgsdruck?

Wenn du das Leben nicht geniessen kannst, nützt dir auch der Erfolg nichts. Schau dir doch mal einen Sonnenuntergang an, bevor du in das nächste Einkaufszentrum rennst. Um einfach zu leben, musst du nicht auf dem Eso-Trip sein – die meisten Menschen leben einfach, weil es ihnen damit besser geht.

Don Aslett, der Autor des Buches „The Clutters last chance" (*„Das letzte Gefecht der Unordnung"*), schätzt, dass in Haushalten heute 25 Prozent zu viele Möbel stehen und 75 Prozent der angesammelten Gegenstände überflüssig sind.

Also: *„Wohltemperiertes Haben und maßvoller Umgang mit Besitz"*, heißt die Devise.

Verschwendung muss sein

Von wegen, Geiz ist geil! Im Gegenteil: Geiz macht arm. Geiz hält die Energien zurück, anstatt sie im Universum fruchtbar werden zu lassen. Denk mal an die japanische Kirschblüte: die strömt über vor Blüten im Frühjahr. Und warum? Nur, damit ein neuer Baum wachsen kann. Wer würde da sagen: *„Wieviel Abfall macht der Baum?"*

Die meisten von uns sind darauf getrimmt, sparsam zu sein, das Geld zusammen zu halten für schlechte Zeiten und so weiter. Natürlich ist nichts gegen eine gesunde Vorsorge zu sagen. Doch wenn diese nur dazu führt, dass du wie die ängstlichen Hamster auf das Steigen der Brotpreise starrst und noch mal schnell einen Euro beiseite legst, damit du morgen noch weniger davon kaufen kannst, dann solltest du überlegen, ob ein wenig mehr Verschwendung und etwas weniger Geiz deiner persönlichen Entwicklung gut täte.

Verschwendung heißt ja nicht, das Geld sinnlos zum Fenster rauszuwerfen. Es heißt zuerst einmal zu investieren in dich, in deinen Körper, deine Ausbildung, deine beruflichen Ziele, deine persönlichen Wunschprojekte und das Wohl der Welt. Es heißt einfach nur, Gas zu geben im Bewusstsein. Das Universum ist gut zu denen, die wissen, was sie wollen, und die es dann auch tun – trotz aller Risiken.

Denn die Zeit läuft immer schneller. Je mehr du im Stillstand bist, desto schneller läuft sie an dir vorbei. Das größte Risiko besteht darin, dass du nicht in die Gänge kommst. Das kann teuer werden, denn dann entgehen dir all die Chancen und Aufgaben, mit denen du für die Zukunft viel besser vorsorgen kannst als mit einem inflationierten Spargroschen.

Also: Was hast du locker, was kannst du locker machen an Geld oder Arbeit? Wofür? Das frag mal deinen inneren Berater!

Was kannst du den Armen geben? Bist der Arme etwa du selbst? Dann fängst du eben bei dir selbst an.

Wenn du nichts anderes zum verschwenden hast als dein Lächeln, dann verschwende eben das!

6 Warum bewegst du deinen Arsch nicht?

Alle haben wir unsere Gründe. Da mache ich keine Ausnahme. Wie lange hat es gedauert, bis dieses Buch fertig wurde? Wie viele Ausreden habe ich vorgeschoben, um nicht an das Buch heran zu gehen! Wie viele Erfahrungen musste ich noch machen, um diesem Buch den richtigen Dreh zu geben? Welche Hilfe musste ich annehmen? Hilfe anzunehmen ist ja nicht die leichteste Übung...

Man macht tausend Sachen, um diese *eine* Sache nicht zu machen. Im folgenden geht es um alle möglichen Gründe, die dich davon abhalten können, genau das für dich zu tun, was dich deinen tiefsten Wünschen am *nächsten* bringt. Denn auf die eine oder andere Art sind wir alle erfolgreiche Selbstverhinderer, die einen mehr, die anderen weniger. Lies bitte nur die Kapitel, die dich etwas angehen und deiner Lebenssituation entsprechen. Sonst liest du zu viel und tust zu wenig.

Bist du noch normal?

Oft erzählen meine Seminarteilnehmer, was passiert, wenn sie von meinem Seminar nach Hause kommen. Jetzt ist er (oder sie) völlig verrückt geworden, heißt es dann. Meine Reaktion: Das ist das schönste Kompliment, das du bekommen kannst. Willst du so sein wie alle? Du bist anders als die anderen. Wenn du erfolgreich sein willst, *musst* du anders sein.

Kennst du den Ausdruck „Normopathie"? Das bedeutet: *„Die Krankheit, normal zu sein."* Normopathen also *krankhaft Normale* sind Menschen, die sich ohne Murren fremden Normen unterwerfen und die Chance, ihr kreatives Selbst zu entwickeln, einfach so verstreichen lassen. Es sind Leute, die nicht auf sich selbst oder ihre Besonderheit stolz sind, sondern ihren ganzen Stolz dazu verwenden, so zu sein wie alle anderen. Diese verraten sich selbst und werden zu Anpassern, die ihren ganzen Selbstwert daraus beziehen, wieviel Lob sie von einer fremden Autorität bekommen. Weil sie sich selbst für wertlos halten, schätzen sie auch das Leben anderer nicht sonderlich.

Der Psychotherapeut Arno Gruen bringt es auf den Punkt: *„Sei so wie alle und sei dabei ganz du selbst."* Eine in sich total widersprüchliche Anweisung, die krank macht, wenn man versucht, sie zu befolgen. So entsteht der Wahnsinn der Normalität.

Wenn du normal bist, fällt dir gar nicht mehr auf, wie verrückt es überall auf der Welt zugeht. Du hältst es für normal, dass wir Kriege ohne Ende führen; dass jeden Tag 10.000 Menschen an den Folgen von Unterernährung sterben, während in den „entwickelten" Ländern Lebensmittel vernichtet werden, um die Preise stabil zu halten. Niemand empört sich darüber, höchstens mal so am Rande: *„Alle 10 Sekunden verhungert ein Kind."* Unter *„Vermischtes aus aller Welt".* Das ist normal!

Wenn dich die Angst überfällt, nicht normal zu sein oder für nicht normal gehalten zu werden, denk an einen Satz des deutschen Dichters Jean Paul: *„Wer nicht den Mut hat, auf seine eigene Art närrisch zu sein, hat ihn schwerlich, auf seine eigene Art klug zu sein."*

Also, ein bisschen verrückt zu sein, schadet keinesfalls in dieser Welt. Du darfst es nur nicht übertreiben. Wenn du dich an der normalen Person orientierst, dann lebst du eben in einer normalen Beschränktheit und kannst deine Träume nicht verwirklichen. Erfolgreiche Menschen sind immer solche, die zumindest zeitweilig von ihrer Umgebung für nicht normal gehalten werden. Erst sagen die Leute: Der ist ja nicht normal! Und dann sagen sie plötzlich: Der ist ja großartig. Nur tote Fische treiben mit dem Strom, singt Udo Jürgens, und vom kalten Glück der Mittelmäßigkeit. Willst du das sein – nur mittelmäßig und damit normal? Oder hast du dir höhere Ziele gesetzt? Dann beweg deinen Arsch!

Niemand will sich verändern

Verändern sollen sich immer nur die anderen, nicht wahr? *„Ich doch nicht, ich habe ja immer recht."* Deshalb nützt es auch nichts, irgend einem anderen klar zu machen, warum er oder sie sich verändern soll. *„Ich aber kann es besser!"* Aber wen interessiert das? Du wiegelst nur die Menschen gegen dich auf, wenn du ihnen reindrückst, dass sie etwas schlecht machen. Damit bringst du ihr Ego gegen dich auf. Wenn du überlegen bist, dann denk nicht als erstes daran, wie dumm die anderen sind, sondern freue dich, was du selbst für ein kluges Bürschchen oder Mädel bist. Aber verrate dich nicht! Es reicht ja zu sagen: *„Ich mache es anders, schau doch mal!"* Dann kann der oder die andere sich das, was du besser machst, in Ruhe anschauen, ohne angegriffen zu sein, und dich still und heimlich kopieren – ohne Gesichtsverlust.

Das ist Änderung durch die Hintertür: Sie passiert einfach, ohne dass jemand dafür Verantwortung übernehmen muss. Das Leben selbst macht es schon.

Oder gehörst du zu der Sorte Mensch, die sich ständig verändern wollen und sich doch immer treu bleiben? Du willst dich schon seit Ewigkeiten ändern, nur hat es dummerweise bisher nie geklappt? Der Wunsch nach Veränderung ist oft nur vorgeschoben, um nicht angreifbar zu sein. *„Ach Schatzi, ich tue doch schon alles."*

Um dich wirklich zu verändern, brauchst du viel guten Willen und vor allem Vertrauen in deine eigenen Fähigkeiten und Kräfte. Du brauchst Erfahrungen, wie du deine Energien für deine Ziele mobilisieren kannst. Und die sammelst du nur, wenn du mit dem ersten Schritt beginnst und endlich deinen Arsch bewegst. Genau dort hin, wo es am schwersten fällt. Dann kommt die große Veränderung von ganz allein. Du merkst sie vielleicht vor lauter kleinen Schritten nicht, aber ich sage dir: Sie passiert einfach!

Hörst du nur auf deinen Verstand?

Dein logisch-rationaler Verstand, auf den du ja so stolz bist, ist ein guter Diener, aber ein schlechter Meister. Als Diener hilft er dir, einfache und komplizierte praktische oder theoretische Aufgaben zu lösen. Als Meister stellt er sich zwischen dich und die Welt und macht es dir unmöglich, den tieferen Sinn deines Lebens zu begreifen und dich mit tieferen Schichten deiner selbst zu vereinen.

Wenn du dich nur mit deinem Verstand identifizierst, werden deine Gedanken zwanghaft. Der unaufhörliche geistige Lärm hindert dich daran, den Raum deiner eigenen inneren Stille zu finden. Du wirst krank. Nur mit dem Verstand die Welt zu erfassen, ist eine ähnliche geistige Krankheit wie der Krebs im Körper.

Genau wie Hunde es lieben, auf einem Knochen herum zu kauen, beißt sich dein Verstand an Problemen fest. Ständig läuft eine innere Stimme in deinem Kopf: *„Habe ich alles richtig gemacht, bin ich richtig angezogen, hat jemand was gegen mich, sollte ich nicht viel lieber, muss ich nicht eigentlich, ist das jetzt nicht so oder so, und so weiter."*

Wir setzen unsere Ziele oft mit unserem stark begrenzten rationalen Verstand. Man kann uns Menschen mit Eisbergen vergleichen. Der kleine Teil des Eisberges guckt ja aus dem Wasser – das ist mein Wachbewusstsein, mein kleines Ich. Der große Teil des Eisberges ist aber unter Wasser – also das Unterbewusstsein, mein großes Ich. Mein großes Ich weiß ganz genau, was gut für mich ist und was nicht. Ein Ziel, das ich im Kopf habe, habe ich logisch-rational gesetzt. Die linke Hirnhälfte – mein rationaler Verstand – nimmt in der Sekunde fünf bis neun Eindrücke auf. Mein Unterbewusstsein – meine rechte Hirnhälfte – nimmt in der Sekunde zehntausend Eindrücke auf. Mein Unterbewusstsein weiß, ob etwas gut ist für mich oder nicht. Das heißt: Wenn eine Sache im Leben – was auch immer ich dabei im Kopf habe – nicht funktioniert, dann könnte ich in der Gegend herumschreien. Ich könnte aber auch sagen: *„Wer weiß, wofür es gut ist?"*

Wenn du anfängst, dich aus der Herrschaft deines Verstandes zu befreien, wirst du automatisch ruhiger. Denn der Verstand muss auch mal entspannen, damit er anschließend gut arbeiten kann. Aber wie geht das – den Verstand entspannen?

Du setzt dich einfach mal ruhig an einen ungestörten Ort. Dass dann deine Gedanken erst recht ins Rasen kommen, macht nichts. Das ist nur die Erstverschlimmerung. Auf die Dauer wird der Verstand sich daran gewöhnen, dass er für eine Weile nichts mehr zu tun hat. Du musst nur beharrlich mit ihm sprechen. *„Bitte bitte, werde leiser. Lass Platz für die wenigen und einfachen Botschaften. Lass Einfälle kommen."*

So kannst du allmählich Zeuge all der Dinge werden, die sich in deinem Kopf abspielen. Und vor allem: Du gewinnst Einfluss darauf. Du bleibst nicht nur der passive Zuhörer in deinem Kopfkino.

Du wirst vom Unterlasser zum Unternehmer – in deinem eigenen Körper. Du hast einen Haufen von Gedanken anzuführen. Die Gedanken haben alle einen Auftrag: dir zu einem erfüllten Leben zu verhelfen. Dein Gehirn ist schließlich die wichtigste Firma, die du besitzt. Aus dieser Firma kommen all die Produkte, die dein Leben ausmachen.

„Wir sollten uns davor hüten, den Intellekt zu unserem Gott zu machen; gewiss, er hat starke Muskeln, jedoch keine Persönlichkeit. Er darf nicht herrschen, nur dienen." (Albert Einstein)

Was sagen deine Worte?

Wie oft am Tag denkst du dieses Wörtchen „unmöglich"? Wie oft sagst du es? Fast alles, was an Erfindungen existiert, wurde zuvor für unmöglich gehalten. Fliegen, Surfen, skypen, googlen – alles war unmöglich, bevor es zu einer Massenaktivität wurde. Und du willst allen Ernstes behaupten, dass so etwas unmöglich ist? Wie schwer willst du dir denn das Leben noch machen?

Ab heute wird es dir unmöglich sein, dieses Wort zu denken, und wenn es dir trotzdem noch mal zwischen die Hirnlappen rutscht, dann wirf es ganz schnell wieder raus.

Möglich wird etwas, weil du es denken kannst. Ob es dann wahrscheinlich oder wünschenswert ist, steht auf einem anderen Blatt. Von den zahllosen Möglichkeiten, die im Kosmos existieren, verwandelt sich nur ein kleiner Bruchteil in Realität. Das setzt Arbeit voraus.

Meistens gebrauchen wir das Wort „unmöglich", weil wir uns selbst nicht ändern wollen und weil wir nicht wollen, dass die Welt sich ändert. Mit diesem Wort begrenzen wir freiwillig unsere Freiheit unter Vorspiegelung angeblicher Tatsachen.

Manche Worte reichen aus, um ein Vertrauen und eine über die Jahre gewachsene Beziehung zu zerstören. Andere Wörter machen das, was du sagen willst, wieder zunichte. „Eigentlich" ist so ein Wort. Das gibt dir dein logisch-rationaler Verstand ein: Es drückt einen Zweifel aus, indem es eine scheinbare Bestätigung ausspricht.

Du sagst zu deinem Ehepartner: Eigentlich liebe ich dich. Sofort hört dein Partner: Liebt sie (oder er) mich denn nicht wirklich? Oder liebt er (oder sie) mich wirklich nicht? Schon hast du das Gegenteil von dem erreicht, was du erreichen wolltest. Oder du hast das erreicht, was du eigentlich nicht erreichen wolltest.

„Eigentlich" ist ein Vernebelungswort ersten Ranges und kann ersatzlos gestrichen werden. „Aber" und „obwohl" – das sind auch solche Worte. Durch das Wort „aber" machst du den Nebensatz zum Hauptsatz. Der Hauptsatz geht unter, er ist ohnehin ganz kurz, aber der Nebensatz bleibt hängen und wirkt emotional.

Du bist im Gespräch mit einem Geschäftspartner. Risiken und Vorteile eines neuen Projekts werden abgewogen. Jeder von euch ist von einem anderen Projekt überzeugt. Du sagst, nachdem dein Gegenüber 10 Minuten geredet hat: Ja, das finde ich eine ganz tolle Idee, Sie haben völlig recht, aber... Und dann redest du 12 Minuten über deine Idee. Am Ende kommt bei dem Gespräch nichts heraus – außer vergeudeter Zeit.

Statt „aber" oder „obwohl" zu sagen, versuche es mal mit „und". *„Du hast recht und zwar deshalb und deshalb, und ich glaube..."* Schon liegt die Betonung auf dem *ich*. Ihr steht euch als zwei gleichwertige Menschen gegenüber, du hast dem anderen deinen Respekt erwiesen, statt ihn durch deine Rechthaberei zu beleidigen.

Verbreitet ist auch die Angewohnheit, *„ich kann nicht"* statt *„ich will nicht"* zu sagen. Damit unterwanderst du dich und deine Fähigkeiten und machst dich kleiner als du bist etwa, wenn du sagst: *„Morgen kann ich dich nicht sehen."* Nein, du willst mich nicht sehen, weil andere Dinge dir wichtiger sind. Was ist so schlimm daran? Steh doch einfach zu dir.

Versuchst du auch ständig etwas? Wann auch immer du etwas „versuchst" – glücklich zu sein, erfolgreich zu sein, pünktlich zu sein – allein die Tatsache, dass du dein Vorhaben so beschreibst, macht es unwahrscheinlich, dass es dir gelingt. Du hast ja das Scheitern und die Entschuldigung dafür schon mit gedacht. Wenn du etwas „versuchst", kommt es vielleicht auch nicht so. Ersetze das Wort „versuchen" durch das Wort „werden" – schon ist dein Auftritt kraftvoller. Du wirst es erreichen. Du wirst glücklich sein, du wirst erfolgreich sein, du wirst pünktlich sein.

Meide auch alle Worte, die einen anderen verletzen können. Überlege dir deine Worte umso besser, je schlechter du dich beim Sprechen fühlst. Und überlege dir vorher, wie andere die Worte aus deinem Mund empfinden können. Vermeide Bewertungen, konzentriere dich auf Beschreibungen. Und wenn du wertest, mache das als *deine* Wertung kenntlich.

Je mehr wir einen anderen Menschen bewerten, desto schwieriger gestaltet sich der Kontakt. Dabei kannst du niemandem sagen, wie er oder sie „wirklich" ist – denn der andere hat immer recht. Es gibt keine objektive Wahrheit, die du dem anderen beibringen kannst. Je mehr du das versuchst, desto mehr wird sich dein Gegenüber wehren. Statt Zustimmung wirst du nur Ablehnung ernten.

> *Sagt ein Kind zum anderen: Du blöder Arsch. Antwortet das andere: Arsch darf man nicht sagen, und wer es sagt, ist es selber.*

Für uns Erwachsene gilt das genauso, nur dass wir mitunter Rechtsanwälte bemühen, um dieser Ansicht Ausdruck zu verleihen. Wenn du über andere sprichst, sagst du mindestens genau so viel über dich. Nehmen wir mal an, der andere ist ein Arsch. Natürlich, du hast recht. Aber womit hast du es verdient, mit solchen Menschen in Kontakt zu kommen? Ausgerechnet du – die Anständigkeit in Person!

Hältst du fest an alten Überzeugungen?

Im Laufe unseres Lebens bilden sich immer mehr Überzeugungen, die uns einschränken. Diese Überzeugungen haben sich durch Umstände gebildet, die meistens lange der Vergangenheit angehören. Dennoch halten wir noch an den Überzeugungen fest und verbauen uns dadurch viele Zukunftschancen. Überzeugungen sind Gefängnisse, sagt Nietzsche. Wie recht er damit hat, zeigt folgende kleine Geschichte:

In einem australischen Forschungslabor, dem Woods Hole Oceanographic Institute, fand einmal folgendes Experiment statt: Ein Aquarium wird mit einer durchsichtigen Glasscheibe in zwei Hälften geteilt. Auf jede Seite kommt ein Fisch – in die eine Hälfte ein Barracuda, in die andere eine Seebarbe, die Lieblingsspeise der Barracudas. Wie zu erwarten, schwimmt der Barracuda sofort auf die Seebarbe los – und prallt gegen die gläserne Trennwand, während die Seebarbe munter weitere Runden dreht. Das Spiel wiederholt sich immer wieder. Nach ein paar Tagen hat der Barracuda eine wunde Nase und stellt die Jagd ein. Nun wird die Scheibe entfernt – und der Barracuda bleibt auf seiner Aquariumseite! Er hat seine Grenzen kennen gelernt und wird sie nicht mehr überschreiten, auch wenn die Seebarbe nur wenige Zentimeter vor seiner Nase schwimmt.

Ebenso verhält es sich mit unseren Überzeugungen. Natürlich sind die meisten davon gut und richtig, aber es lohnt sich doch, sie alle mal der Reihe nach auf den Prüfstand zu stellen. Meistens müssen wir dafür gar nichts tun, denn das Leben selbst bringt uns ständig in Prüfsituationen – wir müssen sie nur erkennen.

Ratschläge sind auch Schläge

Wenn ein anderer jammert und klagt, kann man sich selbst fein raus halten und erhält Gelegenheiten, ihm die eigene Überlegenheit durch gut gemeinte Ratschläge zu zeigen. Dank ist ja wohl das mindeste, was man erwarten kann, wenn man dem anderen großzügig sein Ohr geliehen hat.

Lass den Rat stecken, so gut er auch sein mag! Oft ist es viel besser, einfach nur zuzuhören. Ratschläge sind auch Schläge. Der andere will es einfach nicht hören und schon gar nicht deinen Rat befolgen. Schon habt ihr einen Konflikt: Der andere will nicht hören, was du nicht hättest sagen sollen – schlecht fühlt ihr euch danach beide.

Aber wie ist es, wenn ich nicht anfange mit dem Rat erteilen, sondern der andere an mich herantritt mit einer Bitte? Dann achte darauf, dass der andere deinen Rat nicht missbraucht, um sich seiner Verantwortung zu entziehen. Es ist ja immer sehr bequem, wenn man sich damit herausreden kann, dass man falsch beraten wurde. Wer aber ist dem Rat gefolgt?

Als Ratgeber bist du immer Begleiter, die Entscheidungsmacht liegt nicht bei dir. Mach also besser Vorschläge, die der andere selbst überprüfen kann. Noch besser ist es, wenn du eine Situation erzeugst, in welcher der andere von selbst auf den Vorschlag kommt, den du ihm eigentlich machen wolltest. Dann gibt es keine Ego-Irritationen. Denn jeder macht ohnehin nur sein Ding. Sonst beschwert sich sein Ego, und das kann böse werden. Dann kommt die Retourkutsche, etwa in der Form: dir werde ich schon beweisen, dass dein Rat der verkehrte ist. Entweder befolge ich ihn, um dem Ratgeber zu zeigen, dass er falsch war, oder ich mache gleich das Gegenteil davon. In all diesen Fällen macht jemand etwas, nur um jemand anderem zu beweisen, dass er Unrecht hat.

Was für ein Schwachsinn! Für sich gesehen wird der andere immer Recht behalten. Der, dem bewiesen werden sollte, dass er Unrecht hat, wird die Sache für sich wieder ins rechte Licht rücken, indem er sich daran erinnert, dass er insgeheim den anderen nicht für fähig oder würdig hielt, um den Ratschlag vernünftig umzusetzen.

Am Ende haben sich zwei gegenseitig übers Ohr gehauen. Das gilt fürs Privat- und Geschäftsleben, wie für die hohe Politik. Wir wollen anderen Völkern oder ganzen Ländern unseren Willen aufzwingen und dafür sorgen, dass sie so denken wie wir. Aus Diktaturen sollen Demokratien werden, aus religiösen Fundamentalisten Aufklärungsanhänger und aus Bohnenessern Milchtrinker. Das Ergebnis unserer Bemühungen können wir tagtäglich in den Zeitungen nachlesen. Selbst in unserer unmittelbaren Nachbarschaft funktioniert die Ratgeberei nicht. Und wenn es nur die falschen Blumen auf dem fremden Balkon sind, die einen wahnsinnig machen. Da kannst du auch nicht hingehen und dem anderen einen Floristik-Grundkurs erteilen.

Vielleicht hilft unser gesunder Menschenverstand bei der Lösung von den Ratschlägen. Als erstes sollten wir Abstand nehmen von der großen Illusion, wir seien die einzigen, die mit ihrer Sichtweise recht haben. Wir haben immer nur recht für uns selbst, nie für die anderen. Wenn ein anderer nicht verstehen will, kann man Anstrengungen ohne Ende unternehmen, es wird sich nichts ändern. Mit Zwang oder Druck erreichst du gar nichts. Druck erzeugt immer Gegendruck.

Wir wissen nicht, wie es in einem anderen Menschen innen aussieht. Wir können ja schlecht in die Seele des anderen schauen. Egal wie wir es anstellen: Wir sind beschränkt und schränken uns selbst ein – nicht durch eine böse äußere Macht, sondern durch uns selbst und unsere eigenen Taten. Wir wollen dem anderen etwas diktieren und hoffen dann auch noch auf sein Verständnis. Das klappt schon im engsten Familienkreis nicht. Versuch mal, deinem Vater zu erklären, warum er dieses Haus nicht hätte kaufen sollen, oder deiner Tochter, was dir an ihrem Freund nicht gefällt. Du hast immer recht, der andere hat auch immer recht. So kommen wir nicht weiter… Jeder Mensch hat seine eigenen Geschmäcker und Befindlichkeiten.

Unbekannte von Ratschlägen zu verschonen, fällt natürlich viel leichter als unsere liebsten und nächsten Angehörigen. *„Warum musst du das immer dort liegen lassen? Kannst du nicht mal besser aufpassen? Wie oft habe ich dir schon gesagt, dass du es so machen sollst und nicht anders?"*

Was bleibt uns anstelle der Ratgeberei und Besserwisserei? Versuche, für andere Verständnis zu entwickeln, egal wie absurd dir dieser Gedanke erscheint – denke ihn. Mache keine Vorschläge, lebe sie vor.

Jammern füllt keine Kammern

Ich sitze in der Scheiße und es wird immer mehr. Ich weiß nicht mehr, was ich tun soll. Jeden Moment werde ich unfähiger, etwas zu tun. Der Gestank ist entsetzlich. Immer mehr Scheiße quillt aus mir heraus. Und zu allem Überfluss werde ich von allen Seiten beschissen.

So spricht das arme Opfer. Es gibt Menschen, die unbedingt Opfer sein wollen, Opfer anderer Menschen, Opfer von Katastrophen und Unfällen, Opfer schlimmer Krankheiten.

Warum? Weil sie nichts anderes gelernt haben. Weil sie sich auskennen im Opfersein. Weil sie lieber die Schmerzen erleiden, die mit der Opferrolle verbunden sind, als sich in ein unbekanntes Gebiet vorzuwagen und eine neue Rolle im Leben auszuprobieren. Weil sie süchtig danach sind, anderen die Schuld zuzuweisen.

Gehörst du dazu?

Dann frage dich doch mal: Ist es vom Meckern schon mal besser geworden? Nein. Wann hat sich etwas verändert?

Wenn du die Menschen fragst, werden sie sagen: Als sie aufhörten zu jammern. Als sie keine Entschuldigungen mehr gesucht haben. Als sie ihren Arsch endlich bewegt haben.

Neulich erzählte mir die Mutter von drei schulpflichtigen Kindern folgende Geschichte: Ihre Ehe war in der Krise, sie war drauf und dran, sich scheiden zu lassen und von ihrem Mann eine Abfindung für die gemeinsamen Ehejahre zu fordern. Ihren Mann hätte das geschäftlich ruiniert. Nachdem sie eines meiner Seminare besucht hatte, hörte sie auf, an ihrem Mann ständig herum zu meckern. Das war die einzige Umgangsform mit dem, was sie als Schwäche ihres Mannes empfand. Der Mann konnte gut akquirieren und die Aufträge abarbeiten, war aber bei der Organisation seiner kleinen Firma total überfordert. Mit Hilfe seiner Frau fand er eine patente Bürokraft, die ab nun den Laden in Schuss hielt. Jetzt waren sie gemeinsam auf ein Wiederholungsseminar gekommen, um sich ein etwas größeres „Häuschen" in ihr Leben zu „programmieren".

Wer ist schuld?

Kennst du auch jemanden, der die Schuld an seiner Situation ständig bei anderen sucht; der Weltmeister in Schuldzuweisungen werden könnte? Bist du es womöglich selbst?

Nichts ist einfacher als anderen die Schuld zu geben. Einen Schuldigen wird man immer finden. Besonders gut funktioniert das bei negativen Dingen. Wer trägt die Schuld an meiner Arbeitslosigkeit? Wer hat schuld, dass mein Partner mich verlassen hat? Wer ist schuld, dass es mir gesundheitlich schlecht geht? Wer ist schuld, dass ich finanziell am Ende bin?

Die Antwort ist ganz einfach: Es sind die anderen! Ich werde auf gar keinen Fall darüber nachdenken, ob ich selbst der Verursacher meiner jetzigen Situation bin. Hör auf, dich herauszureden und andere verantwortlich zu machen! Selbst wenn andere verantwortlich sind – und das sind sie natürlich auch –, nützt es nichts, sie verantwortlich zu machen.

Denn du kannst sie nicht ändern. Die einzige Person, die du ändern kannst, bist du selbst.

Wenn du unpünktlich bist, dann war deine Planung schlecht. Wenn die Frau oder der Mann dir weg läuft, dann hast du sie schlecht behandelt. Wenn du keinen Job findest, willst du sicher auch keinen haben.

Wenn du den Auftrag nicht bekommst, warst du nicht gut genug oder nicht schlecht genug.

Aber – bist du auch schuld an der Globalisierung? Am EU-Beitritt? Am Klimawandel? An der Wirtschaftskriminalität? Aber klar doch, nur hast du viele Mitschuldige. Du bist nur Mitmacher, aber nicht Auslöser.

Wenn sich in deiner Welt aufgrund der „Globalisierung" etwas ändert, bist du gefragt, dich darauf einzustellen. Wenn deine Firma Pleite macht, dein Arbeitsfeld sich verändert – dann liegt es an dir, etwas daraus zu machen.

Die positive Seite von *„Du bist schuld"* heißt ja *„Du bist verantwortlich"*. Du hast das Blatt in der Hand – auch wenn dir die Trümpfe ausgegangen sind. Dann hast du eben mal verloren! Das nächste Spiel kommt bestimmt. Und merk dir: Gewonnen und verloren wird zwischen den Ohren.

So – *ich* entscheide also im Leben, was ich mache, und nicht die anderen! Viele sagen: *„Wie, der Verkehrsunfall? Nein, nein, damit hatte ich nichts zu tun! Ich hatte keine Schuld!"* Doch! Du warst mit dabei, und weil du mit dabei warst, hast du auch Mitschuld! Also – es sind doch nicht die anderen! In dem Moment, in dem du mit dabei bist, hast du auch Mitschuld!

Jetzt musst du dir nur überlegen: *„Warum ist mir das passiert? Was will es mir zeigen? Was soll ich begreifen?"* Auch unangenehme Dinge, die im Leben passieren, wollen dir nur etwas zeigen! Nur wir wollen es ja nicht wahrhaben – das ist etwas anderes! Versuche, ganz ehrlich zu sein zu dir selbst: *„Warum ist mir dieses oder jenes passiert? Habe ich mich auch immer korrekt verhalten? Bin ich immer anständig zu meinen Mitarbeitern, zu meinen Kollegen, zu meinen Freunden, oder bin ich manchmal auch ein bisschen komisch?"*

Wir sind Weltmeister im Erfinden von Ausreden, im Suchen von Schuldigen. Solange wir daran festhalten, verleugnen wir unsere Macht und haben keine Chance, unsere Probleme zu lösen.

Genauso unnötig wie es ist, anderen die Schuld zu geben, sind Selbstvorwürfe. Vielen von uns wurde beigebracht, ständig die Schuld bei sich selbst zu suchen. Sie machen sich später im Leben Selbstvorwürfe, oft ohne es zu merken, als würden sie sich am Ohr kratzen. Dummerweise kann ein anderer Mensch es nicht sehen, wenn man sich Selbstvorwürfe macht, sonst könnte man ihn beauftragen, einen immer darauf hinzuweisen, wenn man sich mal wieder in diese lästige Angewohnheit verstrickt hat.

Selbstvorwürfe sind immer heimtückisch, weil sie schleichend wirken. Sie führen dazu, dass die Welt um einen herum sich so entwickelt, wie es der Vorwurf vorausgesehen hat. Auch hier greift das Gesetz der Resonanz. *„Hätte ich doch damals diese Aktie nicht gekauft oder diesen Menschen rechtzeitig aus meinem Leben geworfen, dann..."*

Wenn ich so denke oder rede, halte ich an der Vergangenheit fest. Statt mein Leben nach einem neuen Programm zu gestalten, sorge ich dafür, dass das alte Programm weiter läuft. Also kaufe ich weiterhin die falschen Aktien und umgebe mich mit den falschen Menschen, damit ich in Zukunft über den jetzigen Moment sagen kann, was ich heute über die Vergangenheit sage. Es ist ein unendlicher Teufelskreis. Wir klammern uns an etwas Unangenehmes, das gestern oder vorgestern passiert ist, und dadurch sorgen wir dafür, dass es sich heute und morgen fortsetzt.

Und wenn's auch mal peinlich ist – was macht das schon? Wenn du dauernd peinliche Erlebnisse hast, solltest du dich mal fragen, wo die Peinlichkeit entsteht. Doch wohl bei dir im Kopf – du stellst dir vor, wie jemand anders dich von außen sieht. Da du ja immer recht hast, will das nicht viel heißen. Das Peinliche entsteht nur durch das Gefühl der Peinlichkeit bei dem, der sich peinlich fühlt. Ein neutraler Beobachter hätte vielleicht gar nichts Merkwürdiges bemerkt.

Ich glaube: Wenn die Menschen nicht manchmal Dummheiten machten, würde überhaupt nichts Gescheites passieren. Also reg dich ab!

Angst – der teuerste Gast im Hirnstübchen

Angst kennen wir alle: Angst vor AIDS, vor Krebs, vor dem Krieg, vor der Globalisierung, Angst vor dem Tod oder vor dem Leben, Angst vor Verlust und Versagen. Wir können schon ganze Kataloge davon aufstellen, etwa die K-Ängste (Krankheiten, Kündigung und Klimawandel).

Angst ist natürlich und gut, solange sie uns dazu bringt, Schutz gegen drohende Gefahren zu suchen, so wie ein Pflanze sich vor der Winterkälte in den Boden zurückzieht. Aber Ängste können sich auch zur Besessenheit steigern. Dann fließt alle Lebensenergie in die verkehrte Richtung, und die Angst verwandelt sich in einen negativen Wunsch, der mit allergrößter Kraft auf ein Ziel zusteuert, das die Angst scheinbar um jeden Preis vermeiden will. Denn Angst drückt sich in Gedanken aus, die das Unbewusste programmieren, und schon passiert etwas, was du doch gerade verhindern wolltest.

Angst ist eine *„sich selbst erfüllende Prophezeiung"* (*self-fulfilling prophecy*). Angst macht immer eng – und wenn es eng ist, dann kann es nicht fließen. Egal, ob sich dein Blut staut oder dein Geld. Angst macht krank. Angst ist Reaktion auf eine falsche Vorstellung, Ergebnis von Unwissenheit, Vertrauen in etwas Falsches. Wenn du Angst hast, bist du manipulierbar, wenn du manipulierbar bist, haben andere ein leichtes Spiel mit dir und können dich leicht ausnutzen. Wenn du einmal den Weg der Angst beschreitest, wirst du immer ängstlicher.

Deine Ängste nutzen bestimmten Kreisen der Gesellschaft und werden daher massiv geschürt. Als Angsthase bist du kontrollierbar, als Angsthase nimmst du deine Freiheit nicht wahr. Jeder Blick in die Zeitung und Zeitschrift kann und soll dich in einer oder mehreren Ängsten bestärken. Was glaubst du, warum in den Medien so vieles steht, was Angst erzeugt? Nicht nur, weil es passiert. So viel Wichtiges vor allem Positives passiert, ohne dass ein Medienhahn danach kräht.

Wenn dir das Katastrophengejaule in den Zeitungen und Fernsehkanälen auf den Senkel geht – schalte ab. Leg die Fernbedienung weg, bestelle die Zeitung ab! Das Wichtigste erfährst du sowieso, wenn die Zeit reif dafür ist. Das ist geistige Hygiene – das heißt: Nachrichten aus der Welt nur soweit in sich rein zu lassen, wie sie verdaubar bleiben und dich nicht davon abhalten, das Notwendige für deine Ziele zu tun.

Wenn du ängstlich bist, dann probierst du nichts aus. Wenn du nichts ausprobierst, dann gelingt dir nichts. Dadurch, dass dir nichts gelingt – ein Teufelskreis –, probierst du immer weniger aus, und dadurch gelingt dir immer weniger. Wenn du etwas ausprobierst, musst du zwar deine Angst vor Misserfolg überwinden, aber unter'm Strich gelingt dir mehr, weil du über mehr Möglichkeiten verfügst. Weil dir etwas gelungen ist, wirst du automatisch mutiger und probierst immer mehr aus. Reinhold Messner erkannte: *„Angst ist die andere Hälfte von Mut."*

Mit der Angst, die uns gegen unseren Willen gefangen nimmt, müssen wir hart kämpfen. Das fängt damit an, dass wir uns mal vergegenwärtigen, was uns das kostet, wenn wir der Angst erlauben, sich in unserem Körper einzunisten. Wie lange will ich mir diesen Luxus noch leisten? Wie viele Chancen entgehen mir, die ich vor lauter Konzentration auf die Angst nicht erkennen kann? Wenn die Angst die Katastrophe fördert, die sie verhindern will – bin ich denn verrückt, um dieses Ungeheuer nicht einmal richtig zu packen und in seine Schranken zu verweisen?

Das Universum macht Angsthasen fertig – aber immer in bester Absicht. Sei überzeugt, dass alles in deinem Leben einen Sinn haben muss. *Alles ist gut, weil es eben ist, wie es ist.* So verliert die Angst die Macht über dich, und du selbst bestimmst die Grenzen deiner Angst. Das Sprichwort sagt: Wer keine Angst hat, dem tun die Hunde nichts.

Ängste, denen wir uns stellen, lösen sich auf. Das gilt besonders in Fällen, in denen wir einen Fehler eingestehen müssen oder nach langem inneren Kampf endlich mit der Wahrheit herausrücken.

Angst ist der teuerste Gast, den du im Hirnstübchen bewirtest. Wie lange noch? Blicke der Angst ins Gesicht – und sie löst sich auf...

Schmerzen wollen durchlebt werden

Natürlich erleben wir nicht nur schöne Dinge. Wenn etwas Schreckliches passiert, dringt der Schrecken als Gefühl in uns ein: wir werden ängstlich oder traurig, wir entwickeln Hassgefühle auf uns selbst oder andere. Dann tragen wir dieses Gefühl mit uns herum. Es wartet darauf, sich ausdrücken zu dürfen, und wenn wir das vor lauter Angst und Zugeknöpftsein nicht zulassen wollen, sucht es sich einen geheimen Weg – wir werden krank oder haben einen Unfall. Dann sind wir in der Negativspirale des Leidens: Das erste Leiden bildet die Ursache des zweiten, das zweite Unglück erzeugt das dritte und so weiter.

Durch viele Geschichten musst du durch, einfach nur, um ein besserer Mensch zu werden. Warum hat mich die Frau verlassen, warum der Mann? Warum habe ich die Firma gegen die Wand gefahren? Warum habe ich Krebs? Warum spielen meine Kinder verrückt?

Solange du darüber nachgrübelst, vermeidest du etwas – nämlich die Akzeptanz dessen, dass es so ist. Du willst es nicht wahrhaben, und deshalb fragst du dauernd: warum? Eine Antwort willst du gar nicht hören, das interessiert dich nicht. Du willst nur so tun, als würdest du dich mit deinem Schmerz auseinandersetzen. In Wirklichkeit willst du dich selbst davon ablenken.

Akzeptiere es einfach – das Leben tut auch mal weh. Aber es kann auch sehr lustvoll sein. Mal ist es so, mal so. Das Leben geht immer weiter, das ist die wichtigste Lektion. Das Leben fragt nicht danach, wie du dich gerade fühlst, weil es weiß, dass dein Gefühl nur einen Moment lang währt.

Schmerzen haben einen Sinn für die menschliche Weiterentwicklung. Ohne Schmerzen wären wir nie dahin gekommen, wo wir heute stehen. Sie bringen uns dazu, alte Gewohnheiten zu überdenken und neue Gewohnheiten zu bilden.

Durch einen Schmerz hindurchzugehen heißt, ihn zu umarmen. Ja, du sagst zu deinem Schmerz: *„Es ist gut, dass ich dich fühle."* Das freut deinen Schmerz – und schon ist er auf und davon. Wie sagte doch noch mal unser großer Dichter Goethe zu diesem Thema? *„Solange du dieses nicht hast, dieses ewige Stirb und Werde – solange bist du nur ein trüber Gast auf dieser dunklen Erde."*

Wie wäre es mit innerer Hygiene? Nicht nur Zähne putzen, sondern auch im Gefühlshaushalt putzen. Der Dreck muss raus. Da hilft manchmal schon ein Urschrei, ein wütendes Stampfen oder ein befreiender Kissenschlag. Du musst die Menschen, die dich bedrohen, betrügen und bestehlen, ja nicht gleich umbringen. Schließlich bist du ein zivilisierter Mensch. Wenn du anständig mit dir und deinen Gefühlen umgehen willst, musst du sie erst einmal als deine Gefühle anerkennen. Die Gefühle gehören dir, der andere hat sie nicht gemacht. Er hat sie nur ausgelöst.

Denk immer an den Satz: *„Eindruck ohne Ausdruck schafft Druck."* Das Leid, das kein Ventil in Tränen findet, bringt andere Organe zum Weinen.

Nur musst du deinem Gegner die Angst nicht zeigen. Denn das interpretiert er als Schwäche und sinnt nur auf eine neue Gelegenheit, um dich zu quälen.

Wo ist das nächste Kissen, wo ist der nächste Wald? Da kannst du dich richtig ausschreien. Noch besser machst du es im Auto, denn wir wollen ja keine Tiere verschrecken. *„Mensch, ärgere dich doch mal!"* Nur so kannst du von deinem Ärger runter kommen und mal wieder anfangen, halbwegs klar zu denken. Und später kannst du dann sogar darüber lachen – wenn die Sache richtig ausgestanden ist.

Wenn du es nicht machst, macht es ein anderer

Auf dem Rückweg vom Seminar nach Hause fahre ich gern mit dem Auto. Irgendwann rufe ich meine Frau zu Hause an: *„Ach, Schatzi, ich hab soooo nen Hunger!"* Ich muss es nur ein einziges Mal sagen. Ich komme nach Hause zum gedeckten Tisch, ein Bierchen kühl, es sind die Brote klein geschnitten, ein paar Oliven, ein Joghurt, bisschen Schokolade... was ich halt gerne mag. Und dann sage ich zu meiner Frau: *„Weißt du was, ich werde das jetzt alles auffressen!"* Und dann strahlt sie mich an!

Da sagte doch während einer Veranstaltung einmal eine Frau zu mir: *„Ich werde meinem Mann doch nicht die Brote schmieren!"* Musst du ja auch nicht! Aber wenn du es nicht machst, dann macht es eine andere! Und die macht es gut! Die hebt ihm die Brote sogar noch in den Mund hinein!

Also mache es doch gleich selber! Oder such dir einen anderen Mann.

Wenn du dich nicht um eine Stelle bewirbst, macht es ein anderer. Und der macht es besser. Wenn du nicht anständig deine Frau versorgst – dann macht es ein anderer. Und der macht es besser!

Bist du etwa neidisch?

Einmal habe ich das *Gönnen-Können* in Las Vegas erlebt. Das ist fünfzehn Jahre her. Ich stand mit einem Freund in Las Vegas im Casino am Spielautomaten, und eine Frau neben uns schmiss ihre Münzen da hinein. Auf einmal: Alarm! Alles drehte sich, bewegte sich, und aus der Maschine sprudelten – ich war live dabei – 85.000 US-Dollar! Was haben die Amerikaner gemacht? Sie haben geklatscht!

Stell dir mal vor, du stündest in Berlin im Casino am einarmigen Banditen und da kämen 85.000 € aus dem Automaten herausgepurzelt! Was würden wir Deutschen sagen? *„Das ist ja das allerletzte! Wieso hat der gewonnen? Eigentlich bin ich ja dran, aber die dumme Sau hat gewonnen!"* Wir sind neidisch, anstatt uns mit anderen Menschen zu freuen! Das können wir nicht!

Sieh dir mal an, wie sich unsere Gesellschaft entwickelt hat: Jeder rafft nur noch sein eigenes Zeug an sich und kann sich nicht mit anderen Leuten freuen! Wenn du dich nicht mit anderen Menschen mitfreuen kannst, wie sollen sie sich mit dir freuen? Wie soll das funktionieren? Gegenwärtig haben wir dieses Gegeneinander – wir sind nicht miteinander, wir sind gegeneinander! Und weil wir gegeneinander sind und jeder guckt, wie er den anderen dominieren kann, passiert da draußen in der Welt und daheim im Betrieb immer mehr Gewalt und Betrug.

Neid ist ebenso wie Angst ein Grund zur Untätigkeit. Denn wenn ich neidisch bin, stelle ich mir vor, dass ein anderer Mensch etwas hat oder etwas kann, was mir versagt ist. Ich glaube an meine Schwäche und an die Stärke eines anderen, und damit habe ich natürlich wie immer recht. Alle Energie, die ich in meinen Neid gebe, fehlt mir bei der Verwirklichung meiner Ziele.

Stell dir vor, du willst Geige spielen lernen. Jetzt sitzt du da und hörst dir alle möglichen Violinsonaten von berühmten Geigern und Geigerinnen an. Du hast nun zwei Möglichkeiten: entweder du nimmst ihr Können als Ansporn, dich in ihre Richtung zu entwickeln. Wahrscheinlich wirst du nie so gut wie sie, weil du vielleicht schon vierzig bist, wenn du damit anfängst, und diese Wundergeiger schon mit einer kleinen Geige in den Händen zur Welt gekommen sind. Aber du lernst wenigstens Geige spielen. Oder du bist nur neidisch und verfluchst deine Mutter dafür, dass sie dich ohne Geige zur Welt gebracht hat. Dann bist du auf dem besten Weg, dein Leben zu vergeigen, und die Geige, die du dir schon angeschafft hast, kannst du gleich wieder verhökern.

Manche Menschen haben Angst vor ihrem eigenen Erfolg, weil sie sich vor dem Neid anderer fürchten. Leute, die selbst nie etwas riskiert haben, wollen bei anderen nur die Niederlagen sehen. Man köpft gern, was zu schnell wächst...

Wenn du erfolgreich bist, werden Feinde und Neider zu deinen ständigen Wegbegleitern. Sie bewundern und hassen dich zugleich, und sie tun alles, um dir zu schaden – oft unter dem Vorwand, dir einen Gefallen tun zu wollen.

Machst du dir Sorgen?

Oft sind wir nicht offen, für Neues machen wir meistens zu. Wir mauern uns ein und schützen uns auf diese Weise vor der „bösen" Welt. Das tun wir aus Erfahrung, denn die Welt war bisher reichlich böse zu uns.

Du kommst in die Firma und hörst von den Kollegen: „Pass mal auf: Am Montag hast du einen neuen Chef, einen neuen Vorgesetzten!" Dein erster Gedanke: „Oh Gott, neuer Chef, neuer Vorgesetzter! Will der etwas ändern? Will der mich ändern?"

Automatisch hast du zugemacht! Die erste Begegnung mit dem Kollegen wird für euch beide eher unerfreulich verlaufen. Für dich, weil sich alle deine Befürchtungen bestätigen, für ihn, weil er nur deine Renitenz sieht.
Drehen wir den Film einmal anders:

Du kommst in die Firma und hörst von den Kollegen: „Pass mal auf: Am Montag hast du einen neuen Chef, einen neuen Vorgesetzten!" Dein erster Gedanke: Oh, ich habe eine neue Chance, in meinen Talenten gesehen zu werden und einen neuen Förderer für meine Projekte.

Du brauchst nicht viel Phantasie, um dir vorzustellen, um wie viel besser die Atmosphäre bei eurer ersten Begegnung ist.

Oder du findest am Briefkasten so einen kleinen, gelben Zettel „Telegramm"! Automatisch denkst du: „Oh Gott! Jetzt ist etwas passiert!"

Befürchtungen aller Art gehören zu unserer Lieblingsbeschäftigung. Oft geht es uns dabei wie Hiob: *„Denn was ich gefürchtet habe, ist über mich gekommen."*

Doch in fast allen Fällen erweisen sie sich als Humbug und Zeitverschwendung. Wenn wir alles getan haben, um gegen eine mögliche Gefahr gewappnet zu sein, brauchen wir keine Befürchtungen mehr. Wir brauchen sie nur, solange sie uns zu Taten antreiben. Danach dienen sie nur der Kraft, vor der wir uns fürchten, und sind nichts als perfide Selbstsabotage. Mit der Energie, die wir auf unsere Sorgen verschwenden, könnten wir auch etwas Sinnvolles anfangen, das unseren Zielen dient.

Wenn Sorgen reich machen würden, wären wir alle Millionäre. Stell dir vor: 99 Prozent aller Dinge, die dir Sorgen machen, passieren nie. Was könntest du alles tun in der Zeit, die du mit Sorgen machen vergeudest?

Den anderen machst du es nie recht

Du wirst es anderen Menschen sowieso nie recht machen, und doch hörst du immer wieder auf andere! Mache es nicht! Warum? Manche Berater sind Leute, die kennen hundert Liebespositionen, aber leider kein Mädchen! Die reden alle wie die Blinden von der Farbe!

Das ist etwas, was du unbedingt verinnerlichen musst: Wenn du etwas machen willst, dann tu es! Wenn du verreisen willst: ab in den Flieger – machen! Wenn du dir ein neues Auto kaufen willst, dann mach es! Was tun wir immer? Alles für die Kinder, alles für die Kinder! Die Kinder haben alle Zeit der Welt! Du machst bitte dein Ding und versuchst nicht, es allen Leuten recht zu machen!

Eines Tages rief mich ein Baustoffhändler an und sagte: „Frank, ich muss mir ein neues Auto kaufen!" Ich erwiderte: „Was fragst du mich, bin ich Autohändler?" „Ich brauche einen Rat von dir!", meinte dieser. „Was willst DU denn?", wollte ich von ihm wissen. „Na ja", antwortete er, „ich bin Baustoffhändler, und ich hätte gerne mal so einen 7er BMW!" Daraufhin ich: „Ja, jetzt musst du zu BMW fahren und dir so ein Ding kaufen!" „Ja, das ist ja mein Problem", erwiderte er. „Wieso?" „Na ja", sagte er, „weißt du – stell dir mal vor, ich komme als Baustoffhändler auf so eine Baustelle und fahre mit so einer riesigen Staatskarosse! Was werden die Kunden sagen? Ah – deswegen ist er so teuer! Er muss ja hier mit diesem Schiff herum fahren!" Etwas energischer erklärte ich ihm dann: „Achim! Wenn du mit einem Polo auf die Baustelle kommst, weißt du, was die Kunden dann sagen?" „Toll kann die Firma nicht laufen, wenn er mit dieser gummibereiften Kasperlebude hier vorbeikommt!" Egal, wie du es machst, du machst es falsch! Du gehst jetzt zu BMW, holst dir einen 745i, lange Version, und den klatschst du mit allen Extras voll, die da hineingehen!"

Weißt du, was wir in Hamburg dazu sagen? *„De Lütt snakt doch!" „Die Leute reden doch!"* Wie du es machst, du machst es falsch! Deshalb bringt es nichts, sich nach den Erwartungen anderer zu richten. Es wird immer welche geben, die du enttäuschst und die dich enttäuschen. Wenn ein Mann versucht, es seiner Frau recht zu machen, wird sie ihn verlassen – denn er ist ja kein Mann mehr. Ebenso verliert eine Frau ihre Reize für den Mann, wenn sie ihm immer willig zu Diensten ist.

Wenn du deinen Arsch bewegst, musst du in Kauf nehmen, dass man sich das Maul über dich zerreißt. Je kleiner das Dorf, desto größer der Tratsch. Der so groß geschriebene Zusammenhalt erweist sich schnell als Quatschfalle. Jetzt hängst du in den Mühlen der Dorfbewohner, die selbst nichts auf die Reihe kriegen, dich aber auch nicht hochkommen lassen wollen. Dann fällt der Satz: *„Der hat sich aber zum Nachteil entwickelt."* In der Großstadt hast du mehr Chancen, als Arschbeweger positiv aufzufallen.

Quatschbirnen fällen immer die schnellsten Urteile. Neunzig Prozent aller Menschen wissen nicht, was sie wollen und schreien immer herum, dass sie nie was kriegen. Genau damit halten sie dich und sich selbst gegenseitig in Schach.

Das Spielchen musst du nicht länger mitmachen. Es stimmt zwar: Junge Pflänzchen werden entweder herausgerissen, zertrampelt oder aufgefressen. Aber aus den wenigen Überlebenden wachsen riesige Bäume.

Den anderen machst du es nie recht. Also schau erst mal, wie du es dir selbst recht machen kannst.

Rücksicht auf andere

Wenn du zögerst, deinen Arsch zu bewegen, denkst du dann: *„Das kann ich nicht machen, denn ich muss Rücksicht nehmen"*?

Obwohl du total unzufrieden bist, wirfst du also den Mitarbeiter nicht raus, weil er womöglich keine Arbeit mehr findet, und lebst mit Herrchen oder Frauchen um des lieben Friedens willen einfach weiter, als ob nichts geschehen wäre, und scheust die ehrliche Auseinandersetzung. Dann kriegst du eben einen Herzkasper, weil du es dem anderen recht machen wolltest.

Wie auch immer du dich entscheidest, du machst es für andere sowieso falsch. Du musst erst einmal deinen eigenen Impulsen folgen und es für dich richtig machen – dann regst du die anderen an, auch für sich die richtige Entscheidung zu treffen, statt im verlogenen Zirkus der gegenseitigen Rücksichtnahme mitzuspielen.

Dazu ein Beispiel aus meinem Bekanntenkreis:

Herr X, ein hoher Wirtschaftsfunktionär und Person des öffentlichen Lebens, lässt es sich als Lebemann so richtig gut gehen. Braun gebrannt fährt er einen schicken Sportwagen und hat mehrere Geliebte, die er nach Kräften verwöhnt. Seine Frau sitzt derweil zu Hause im goldenen Käfig und kann nur ahnen, was ihr Mann während seiner offiziellen Besprechungen treibt. Nach ein paar Jahren hat sie genug davon, zieht aus und nimmt sich eine kleine Wohnung im Nachbarort. Dann fallen ihr Bruder, ihre Schwester und andere Verwandte wie die Hyänen mit Vorwürfen über sie her: „Das kannst du doch nicht machen. Dein Mann steht im öffentlichen Leben. Das kannst du ihm doch nicht antun." Schließlich lässt die gute Frau sich breitschlagen und kehrt ins Haus des Mannes zurück. Zwei Monate später bekommt der einen Schlaganfall, von dem er sich nicht mehr erholt. Nun ist er beidseitig gelähmt – und seine Frau darf ihn pflegen. Sie hat versucht, es dem anderen recht zu machen – jetzt kann sie es, jeden Tag.

"Tue nichts Gutes und du erntest nichts Böses", sagt der Volksmund zynisch. Recht hat er, aber nicht auf Dauer. Denn das Gute kehrt unweigerlich zu dir zurück, nur macht es dabei den Umweg über manches Böse. Wenn du jemandem Gutes tust, kann sich dieser Jemand dafür fürchterlich an dir rächen – aber aus einer völlig unerwarteten Ecke kommt plötzlich von einem anderen Menschen das Gute wieder auf dich zu.

Einsam – du auch?

"All the lonely people, where do they all come from?", sangen die Beatles einst. Du sagst dir und jedem, der es hören will oder auch nicht: *"Ich bin ja so allein! Ach, mein Gott, was bin ich einsam!"* Und was passiert? Du wirst einsamer, einsamer und einsamer! Du gibst ja noch Energie rein, und es wird immer schlimmer!

Wenn du einsam bist, hasse dich nicht dafür. Du bist nur in einer besonderen Lernsituation. Du sollst lernen, mit dir selbst klar zu kommen oder die anderen wertzuschätzen.

Die meisten Menschen leiden höllisch unter ihrer Einsamkeit. Oft haben sie eine oder mehrere Enttäuschungen erlebt und trauen sich nun nicht mehr, ein weiteres Mal auf zu machen, sich zu öffnen.

Als Einsamer bleibt dir nichts anderes übrig, als dich selbst zu streicheln – am ganzen Körper und auch in Gedanken. Und wenn du das lange und liebevoll genug gemacht hast, wird dein Körper schön, werden deine Gedanken klar und deine Ausstrahlung rein.

Plötzlich stellst du fest: Du bist anziehend für andere geworden, die anderen interessieren sich für dich, du nimmst

Teil an ihrem Leben. Die Menschen wollen sich mit dir verabreden – plötzlich weißt du nicht mehr, warum du je geglaubt hast, du seist einsam. Das ist dann eine zurückliegende Phase – du warst in einer Stockung, und dann ist das Leben wieder in Fluss gekommen. Und das alles ist nur geschehen, weil du losgelassen hast – den Gedanken, dass du zur Einsamkeit verurteilt bist.

Um aus der Einsamkeit raus zu kommen, musst du aber erst einmal akzeptieren, dass du einsam bist. Und dann begreifen, dass du es nicht bleiben musst – wenn du bereit bist, neue Gedankenmuster in deinem Hirn aufzubauen. Wenn du in Zukunft nicht enttäuscht werden willst, such dir Freunde, ohne eine Gegenleistungen zu erwarten. Es hilft dir nicht, jemanden zu finden, der dich mag oder der Mitleid mit dir hat. Das treibt dich nur tiefer in die Einsamkeit. Such dir jemanden, dem du Freundschaft schenken kannst – was auch immer geschieht. Mehr nicht. Den Rest macht das Unterbewusste. Probiere es aus!

Oder du entdeckst plötzlich eine ganz neue Seite an dir und stellst überrascht fest: *„Ich bin einsam, weil ich einsam sein will. Etwas Schöneres als die Einsamkeit gibt es nicht."* Dann bist du aber schon nicht mehr einsam, sondern allein (All-ein) und mit allem eins.

Wo bleibt der Genuss?

Wo hast du eigentlich dein Gold- und Silberbesteck versteckt? Oder holst du die schönen Sammeltassen und das silberne Besteck nur aus dem Schrank, wenn sich Besuch angesagt hat?

Wir mögen uns nicht wie wir sind und deswegen nehmen wir das billigste Geschirr, was schon abgestoßen ist. Wie sollen uns dann andere mögen? Wenn ich mich selbst nicht lieb habe, haben mich auch andere nicht lieb. Wie viele Menschen glauben, nichts wert zu sein, und denken den ganzen Tag: *„Am liebsten wäre ich unsichtbar."* Es nutzt nichts, der reichste Mann oder die reichste Frau auf dem Friedhof zu sein, damit ist keinem gedient.

Ohne Freude hast du von nichts etwas. Deinen Erfolg kannst du in der Pfeife rauchen, ihn dir ins Klo hängen. Was nützt dir ein Haufen Geld, wenn du die Freude am Kaufen verloren hast? Kannst du dir vorstellen, dass sich manche Leute weniger darüber freuen, im Jahr eine Million Euro zu verdienen als jemand, der eine Gehaltserhöhung von 10.000 € im Jahr bekommt? Dass die ersten tausend selbstverdienten Euro einen mehr erfreuen als die letzte Million?

Wohlstand ist nicht unbedingt eine Sache des Geldes – Wohlstand ist eine Sache des Lebensstils. Kennst du diese Geschichte?

Ich besuchte meinen besten Freund, der gerade in Trauer war und mir unbedingt etwas zeigen wollte. Er öffnete die Kommodenschublade seiner Ehefrau und holte ein in Seidenpapier geschlagenes Päckchen heraus, ein Päckchen mit Unterwäsche; er öffnete es und betrachtete die Seide und die Spitze. „Das kaufte ich meiner Frau als wir zum ersten Mal in New York waren", sagte er, „das ist jetzt fast 8 oder 9 Jahre her. Sie trug es nie. Sie wollte es für eine besondere Gelegenheit aufbewahren, und jetzt, glaube ich, ist der richtige Moment gekommen." Er näherte sich dem Bett und legte die Unterwäsche zu den anderen Sachen, die von dem Bestattungsinstitut mitgenommen wurden. Seine Frau war gestorben. Als er sich zu mir umdrehte sagte er: „Bewahre nichts für einen besonderen Anlass auf! Jeder Tag, den du lebst, ist ein besonderer Anlass!"

Wenn wir den heutigen Tag nicht zu schätzen wissen – wie soll dann der morgige besser werden? Wenn wir mit der Gegenwart, die jetzt ist, nichts anfangen können, wie sollen wir dann mit der Gegenwart etwas anfangen, die morgen sein wird? Heute ist immer der einzige Tag, an dem wir wirklich leben. Der Rest besteht aus Vorstellungen und Einbildungen.

Die Zeit ist kein Raubtier, das uns ein Leben lang verfolgt. Eher ist sie unser Gefährte, der uns auf der Reise begleitet und uns daran erinnert, jeden Moment zu genießen, denn er wird nicht wiederkommen.

Lebe im *Hier und Jetzt*. Das dauert genau 1,5 Sekunden!

Die Macht der Gewohnheiten

Die meisten Menschen denken nicht im Traum daran, dass sie ihr Leben nach eigenen Vorgaben frei gestalten können. Sie leben im Korsett ihrer Gewohnheiten und fangen schon an zu klagen, wenn irgendein äußerer Umstand sie zwingt, mit einer liebgewonnenen Gewohnheit brechen zu müssen. Zu den Gewohnheiten gehören vor allem eingefahrene Denkmuster wie *„Bringt ja doch nichts"* oder *„Warum ist nicht alles wie früher"*. Je mehr Gewohnheiten wir haben, desto weniger sind wir gezwungen, uns darüber Gedanken zu machen, was wir mit unserer freien Zeit anfangen könnten.

Dabei ist das für unsere Entwicklung fatal. Wir werden zu Mumien, bevor wir in der Kiste liegen. Wer will das schon – sterben, während er noch am Leben ist? Öfters mal die Gewohnheiten wechseln ist eine gute Übung, um lebendig zu bleiben.

Warum immer nur den Kaffee mit Milch? Vielleicht geht es auch mal ohne. Warum muss es überhaupt Kaffee sein? Grüntee tut es auch. Und den Weg zur Arbeit – auch da gibt es Varianten.

Während man bewusst mit einer Gewohnheit bricht, passieren manchmal überraschende Dinge.

Vom gewohnten Weg abgewichen, entdeckst du einen neuen Weinladen in deiner Gegend. Im Gespräch mit dem Weinhändler stellt sich raus, dass er einen Tipp hat für ein privates Feriendomizil, nach dem du seit Tagen im Internet Ausschau hältst.

7 Vom Wunsch zum Ziel

Was Wünsche von Zielen unterscheidet

Wenn du dir wünschst, reich und glücklich zu sein, heißt das noch lange nicht, dass du auch Ziele hast, die diesem Wunsch dienen. Es gibt nämlich Leute, die wünschen sich ständig etwas, sind aber nicht im geringsten bereit, etwas dafür zu tun. Sie wünschen sich ein hohes Gehalt oder einen tollen Schlitten vor der Haustür, aber dafür etwas tun wollen sie nicht. Sie bewegen ihren Arsch nicht.

Wünsche sind allgemein, Ziele sind speziell. Sie zielen auf etwas Bestimmtes. Wenn Wünsche wahr werden sollen, müssen sie in Ziele gefasst werden. Ein großer Wunsch schafft viele kleine und große Ziele. Wer nicht gelernt hat, sich Ziele zu setzen und dabei die Macht der Gedanken einzusetzen, wird es immer schwer haben im Leben. Um effektiv mit Zielen zu arbeiten, sollte man auf gewisse Regeln achten. Nicht alle Ziele sind auch den dahinterliegenden Wünschen dienlich. Es kann vorkommen, dass ich durch die Art und Weise, wie ich mein Ziel programmiere, genau das Gegenteil von dem herbeirufe, was ich mir gewünscht habe.

Das bedingungslose „Ja"

Wenn du im Leben etwas verändern willst und du weißt nicht wie, dann gibt es einen ganz einfachen Trick. Für alles, was du im Leben ändern willst, fragst du einfach: Gibt es für diese Sache ein bedingungsloses *„Ja"*? Das gilt für alle Bereiche des Lebens.

Dein Auto! Wenn es für diesen Wagen kein bedingungsloses „*Ja*" gibt, dann lass ihn los! Mach etwas anderes! Es wird schon ein anderes Auto kommen! Wie ist es mit deiner Wohnung oder deinem Haus? Sagst du: *„Meine Wohnung – so kuschelig, so gemütlich! Da fühle ich mich so richtig wohl!"* Oder sagst du: *„Meine Wohnung? Dieses Loch, wo über mir noch eine Kellerwohnung frei ist!"* Der Arzt, zu dem du gehst und von dem du dich therapieren lässt – gibt es für den ein bedingungsloses „*Ja*"?

Es ist mit allen Dingen im Leben so! Deine Beziehung – hast du mal darüber nachgedacht? Über deine verkorkste Beziehung?

Das ist mit deinem Job genau das gleiche! Sagst du: *„Mein Job ist so genial! Das macht so einen Spaß! Ich freue mich schon, am Montag wieder zur Arbeit gehen zu dürfen!"*? Oder sagst du: *„Meine Arbeit? Ich bin froh, dass ich von der Straße weg bin!"*?

Es gibt Menschen, die werden nicht krank, weil sie *keine* Arbeit haben, sondern die werden krank, *weil* sie eine Arbeit haben! Bei denen setzen am Sonntagnachmittag um 16 Uhr schlagartig die Bauchschmerzen ein. Die wissen gar nicht wieso. Wenn sie morgens aufstehen, können sie sich erst einmal übergeben, weil sie keine Lust haben. Der Körper signalisiert uns ganz viel! Was machen wir? Wir setzen uns darüber hinweg!

Wenn es für einen Menschen oder eine Sache kein bedingungsloses „*Ja*" gibt, dann musst du sie loslassen und etwas anderes machen!

Ich muss wissen, was ich will

Der erste Schritt, um zu bekommen, was ich will, heißt: **Ich muss wissen, was ich will!** Und da scheitern die meisten Menschen! 95 Prozent aller Menschen wissen nicht, was sie wollen! Sie nölen und labern den ganzen Tag herum, was sie *nicht* wollen! Du musst schon wissen, was du willst! Und wenn du eine Idee hast, musst du sie auch umsetzen!

Mach dir niemals Gedanken über den Weg zum Ziel! Der Weg zum Ziel ergibt sich immer! Wichtig ist nur eine Sache: Was *ist* dein gewünschtes Ziel? Was ist dein gewünschtes Ergebnis? Wo willst du hin? In dem Moment, in dem du das weißt, geht alles wie von allein!

Dein Sohn kommt zu dir und sagt: „Mami, ich hätte gerne zu Weihnachten eine Sony Playstation 2 und drei Spiele!" „Moment, Moment, eine P2 und drei Spiele, da bin ich ja locker bei 350 €, das sind ja 700 DM!" Was wird dein Sohn sagen? „Mama, das ist nicht mein Problem."
Jetzt kommt Weihnachten – was meinst du, was unter'm Weihnachtsbaum liegt? Eine P2 – und vier Spiele, denn Oma hat auch noch eins im Sack. Es hat doch deinen Sohn nicht interessiert, wie du das realisiert hast.

Sag also nie: *„Das funktioniert nicht!"* Wenn du dich entschlossen hast, etwas zu erreichen, dann gib um's Verrecken nicht auf. Wenn ich ein Ziel habe – und manche Leute haben sogar Visionen –, kann ich nicht mehr verhindern, dass es kommt. Wenn du aber nicht weißt, wohin du gehst, wirst du wahrscheinlich dort ankommen, wohin du nicht wolltest.

Wenn es dies nicht ist, ist es etwas anderes

Wenn sich eine Tür zum Glück schließt, öffnet sich eine andere. Und wenn sich keine andere Tür öffnet, dann gehen wir eben durchs Fenster. Oft starren wir jedoch so lange auf die geschlossene Tür, dass wir die offene Tür nebenan überhaupt nicht wahrnehmen. Wenn du die Wohnung nicht bekommst, die du willst, nimm eine andere. Wenn ein Autoverkäufer heute zu mir sagt: *„Dieses Auto bekommen Sie heute zu diesem Sonderpreis. Ab Montag haben wir eine Preiserhöhung und das Auto wird teurer!"*, dann werde ich mich von diesem Verkäufer nicht unter Druck setzen lassen. Wenn es dieser Wagen nicht ist, dann ist es ein anderer. Wenn es nicht dieser Computer ist, den ich kaufen kann, dann ist es ein anderer. Wenn es die Frau nicht ist, die ich immer einmal kennen lernen wollte, dann ist es eben eine andere!

Begrenze dich nicht in deinen Zielen

Von dem amerikanischen Schriftsteller W. Somerset Maugham stammt der schöne Satz: *„Es ist merkwürdig mit dem Leben! Wenn die Menschen sich weigern, etwas anderes als das Beste anzunehmen, bekommen sie es sehr oft."* Was nicht in unserem Bewusstsein als Möglichkeit vorhanden ist, das kann auch nicht eintreten. Deshalb ist es so wichtig, dass wir unsere Ziele nicht zu klein machen.

Du willst eine Wohnung mieten in Berlin – eine Vierzimmer-Altbauwohnung, 1.200 € Warmmiete im Monat. Der Makler sagt: „Sie können sich eine geniale Wohnung angucken." Du schaust dir die Wohnung an und sagst: „Das ist ein toller Turm, die Wohnung nehme ich! Alles klar!" „Moment! Moment! Ich habe noch vier weitere Bewerber für die Wohnung. Sie können ja schon mal gucken, und dann sehen wir weiter!" „Nein, das ist meine Wohnung, also diese Lampe und dieses Luftloch da oben, das ist ja wunderbar! Das ist ja wie ein U-Boot, das ist ja genau meine Wohnung!" „Jetzt gucken Sie sich die Wohnung an, und dann sehen wir weiter!" Drei Tage später ruft der Makler an und sagt: „Jetzt seien Sie nicht sauer! Ich habe die Wohnung einem anderen gegeben!" Du regst dich wahnsinnig auf. Vier Tage später ruft der Makler wieder an und fragt: „Sie suchen doch eine Wohnung, ich hätte da etwas für Sie: Zwei Häuser weiter, ein halbes Zimmer mehr, 300 Euro im Monat weniger. Wollen Sie mal gucken?" „Na ja, gucken kann ich ja mal." Du kommst in die Wohnung und sagst: „Oh, die ist ja noch besser! Diese Wohnung kann ich haben?" „Ja." „Gleich?" „Nein, sofort!" Was wirst Du jetzt sagen? „Wie gut, dass das mit der anderen Wohnung nicht geklappt hat, denn dadurch, dass es nicht geklappt hat, habe ich ja etwas ganz anderes bekommen!"

Worauf will ich hinaus? Wenn eine Sache im Leben nicht gleich funktioniert, dann kommt oftmals etwas Besseres! Wenn du ein Ziel im Köpfchen hast, sage dir immer: **„Ich will dieses Ziel oder besser!"**

Hüte dich vor deinen Wünschen!

Wenn du dir große Ziele setzt, musst du auch damit klarkommen, dass sie erfüllt werden. Jetzt bekommt dein Leben eine ganz ungewohnte Eigendynamik. Plötzlich wird dir bewusst, wie mächtig du durch dein Denken bist. Umso mehr musst du aufpassen, was du denkst.

Ein Wanderer machte Rast nach einem anstrengenden Tag. Er setzte sich unter einen Baum und ruhte seine müden Füße aus. „Wie schön wäre jetzt ein kühles Getränk", dachte er – und schon stand eine Karaffe mit kristallklarem Wasser vor ihm. Der Mann nahm einen großen Schluck und dachte: „Das ist ja wunderbar! Etwas zu Essen dazu wäre auch nicht schlecht." Auch dieser Wunsch wurde sofort erfüllt. So wünschte er sich noch einen bequemen Sessel, Musik und allerlei andere Dinge. Als er keinen Bissen und keinen Schluck mehr hinunter bekam, dachte er: „Wenn ich jetzt ein Bett hätte, wie schön wäre das…", und schon lag er in einem großen, weichen Bett. Kurz bevor er einschlief, dachte er noch: „Wenn jetzt ein Wolf kommt…"

Hüte dich vor deinen Wünschen, denn sie könnten wahr werden!

Das Als-Ob-Prinzip

Wenn dir etwas nicht passt, dann stell dir vor, es wäre so, wie du es haben willst. Wenn du mit deiner Arbeit unzufrieden bist, weil sie dich unterfordert, dann erledige sie so, als würdest du vor einer phantastischen Herausforderung stehen.

Der französische Philosoph La Rochefoucault schrieb schon im siebzehnten Jahrhundert: *„Wenn man es in der Welt zu etwas bringen will, muss man so tun, als habe man es schon zu etwas gebracht."*

Wenn du glaubst, nicht attraktiv genug auszusehen, dann bewege deinen Hintern, als wärst du die Schärfste überhaupt. Wenn du meinst, du wärst nicht klug genug, dann benimm dich, als hättest du die Weisheit mit Löffeln gefressen. Wenn du glaubst, du wärst im Leben immer zu kurz gekommen, dann verwöhne dich erst einmal kräftig.

Durch das Als-Ob-Prinzip aktivierst du die in dir schlummernden Kräfte, die dich zu dem machen, der du sein willst. Das gilt für die großen Ziele, aber auch für die kleinen Situationen des Alltags.

Eines Tages stand ich in einer Schlange in einem Supermarkt. Ein offensichtlich angetrunkener Mann hinter mir fing an, sich lauthals über die lange Schlange zu beschweren. Die Kassiererin hörte das, stand von ihrem Stuhl auf und rief dem Mann von weitem zu: „Danke für das nette Gespräch." Der Mann war so verblüfft, dass er keinen Ton mehr von sich gab.

Was immer du glaubst, sein zu wollen oder tun zu können – fange doch mal an mit der Vorstellung, du wärst schon genau so, wie du sein willst, und könntest schon genau das, was du tun willst. Belüg dich selbst – und du wirst sehen, du findest zu einer neuen Wahrheit.

Immer wenn in deinem Kopf der Satz auftaucht: *„Es geht ja doch nicht"*, dann besinne dich auf das Als-Ob-Prinzip. Wenn es gehen soll, dann geht es auch.

Um Erfolg zu haben, muss man so leben, als wäre man bereits erfolgreich – und sich so fühlen! Das geht – dazu muss nur der Schalter im Kopf umgelegt werden.

Davor passiert ein großer Mist

In dem Roman „Der Alchimist" von Paulo Coelho steht der Satz: *„Immer kurz bevor der Mensch ein großes Ziel erreicht, passiert immer noch mal ein riesen Mist!"* Sein Held Santiago wurde ausgeraubt, verprügelt und halb tot geschlagen – aber er hat nie aufgegeben, denn er hatte in seinem Kopf ein Ziel! *„Ich finde diesen Schatz!"* Und er hat ihn gefunden!

Oft passiert der Mist unmittelbar vor dem großen Erfolg. Warum? Weil wir es oft gar nicht fassen können, erfolgreich zu sein, weil wir es uns selbst nicht gönnen können.

Manchmal sind es aber auch nur wir selbst, die den Erfolg verhindern. Bei den Fußballern nennt man das *die Angst im Bein*, bei den Tennisspielern ist es *die Angst im Arm*. Die Panik vor dem eigenen Erfolg kann größer sein als die Panik vor dem eigenen Misserfolg. Damit kennt man sich ja schon aus.

Aber man darf deswegen nicht gleich aufgeben. Wenn es beim ersten Mal nicht geklappt hat, dann klappt es eben beim zweiten oder dritten Mal egal, ob das nun private oder geschäftliche Belange sind. Einer meiner Seminarteilnehmer erzählte mir einmal folgende Geschichte:

Herr M. hatte zunächst im Leben als Inhaber einer kleinen Software-Firma in München Erfolg gehabt und sich alles leisten können, was er sich gewünscht hatte. Doch dann kamen die Schicksalsschläge: Erst ließ sich seine Frau von ihm scheiden. Dadurch verlor er die Nutzungsrechte an seinem Haus, aber nicht die darauf lastenden Hypotheken. Als nächstes verlor er große Forderungsaußenstände durch die Insolvenz eines Großkunden. Er musste seine eigene Firma dicht machen. Nun war er Mitte 40, saß auf einem Schuldenberg von 400.000 Euro und fragte sich, ob er jemals wieder Boden unter den Füßen bekommen würde. Er ließ jedoch den Kopf nicht hängen und machte sich erneut selbständig, diesmal in Form einer GmbH, deren Eigentümer ein naher Verwandter war. Herr M. war nur noch dort angestellt und verdiente nicht mehr, als die Pfändungsgrenze ihm erlaubte. Da er noch über seine alten Geschäftskontakte verfügte, ging es der neuen Firma bald prächtig. Nun konnte er wieder den Luxus großer Autos genießen – nur gehörten sie jetzt nicht mehr ihm, sondern der Firma. Inzwischen hat er seine Schulden abbezahlt, verdient mehr als je zuvor und hat auch eine tolle neue Partnerin.

Jede Katastrophe in deinem Leben ist weniger eine Katastrophe als vielmehr eine Situation, die dich dazu aufruft, deine Einstellung zu den Dingen zu ändern. Du fragst vielleicht: Aber gilt das auch für meine Krankheit, meinen Bankrott und mein drogenabhängiges Kind? Aber klar doch!

8 Die sieben Schritte zum Ziel

1. Prüfung: Jeden Blödsinn aufschreiben

Ich muss erst einmal wissen, was ich will. Dazu schreibe ich alles auf, was ich womöglich wollen könnte. Und wenn es der größte Blödsinn ist, es ist okay. Wenn du nicht mehr weiter weißt, frag deine Frau, frag deine Freunde: Was habe ich je behauptet zu wollen, und wenn's im Suff war?

Für Männer ist das eine schwere Übung, Frauen haben es da leichter. Eine Frau weiß ziemlich genau, was sie will. Sie will Sekt im Glas, sie will Champagner, sie will wunderbare Kleider tragen, sie will toll wohnen, sie will Spaß haben, sie will Freude haben und sie will an ihrer Seite möglichst einen Entertainer haben, der sie immer zum Lachen bringt. Aber auch für Frauen ist das eine gute Übung, damit sie Prioritäten setzen lernen.

Du schreibst einfach alles auf: *„Was will ich haben, was will ich sein, was will ich erreichen, was will ich für mich, für meine Familie, für den Sport, meine Karriere? Wo will ich hin?"*

2. Prüfung: Will ich das wirklich?

Willst du das, was du da aufgeschrieben hast, wirklich von Herzen gern, oder hast du das nur aufgeschrieben, weil andere gesagt haben, du könntest das ja mal machen? Also, will ich endlich ein Cabriolet fahren, oder macht es mehr Sinn, mit einem Geländewagen oder einem Kombi durch die Gegend zu fahren? Will ich wirklich einen Blumenladen aufmachen, oder reicht mir meine Stelle als Sachbearbeiterin? Will ich wirklich in die Chefetage? Will ich eine eigene Firma, will ich eine eigene Praxis haben? Das, was ich nicht wirklich will, werfe ich aus der Liste wieder heraus.

Das, was du *wirklich* willst, das lässt du stehen, und alles andere streichst du wieder von der Liste!

3. Prüfung: Steht etwas im Widerspruch?

Steht von deinen Zielen etwas im Widerspruch? Wenn du 150 Ziele und Wünsche aufgeschrieben hast, dann hast du immer Widersprüche – das ist normal!

Die Widersprüche müssen raus. Es könnte zum Beispiel sein, dass da als Ziel 44 steht: *„Ich möchte heiraten und vier Kinder haben!"* Bei Ziel 45 steht vielleicht: *„Ich möchte gerne ins Kloster!"* In diesem Fall streiche das mit dem Heiraten, und gehe ins Kloster! Oder mach erst vier Kinder und geh dann ins Kloster – das geht auch. Es gibt Leute, deren Liste voller Widersprüche ist – da muss man sich eben mal festlegen.

4. Prüfung: Ist das Ziel zum Wohle aller, oder nehme ich jemandem etwas weg?

Nimm niemandem etwas weg! Solange du ehrlich, freundlich, pünktlich und herzlich bist, darfst du machen, was du willst. Wenn du natürlich ein dummes Schwein und kriminell bist, dann ist das nicht in Ordnung! Das rächt sich bitterböse und macht daher keinen Sinn! Wenn du zum Beispiel geschrieben hast: *„Ich müsste Omi platt machen, um ihr Haus zu kriegen."*, dann solltest du das aus der Liste streichen! Bei Ziel Nummer 83 steht vielleicht: *„Ich müsste meine Mitarbeiter verheizen, um meine Ziele zu erreichen."* Druck in Firmen erzeugt *was*? Gegendruck! Wenn du meinst, deine Mitarbeiter mit Druck zu motivieren, dann kannst du das vergessen. Das funktioniert nicht! Sagen wir mal, Ziel

Nummer 104 wäre: *„Ich hätte gerne den Schrumpfkopf von meinem Chef auf meinem Kamin."* Das würde ich raus nehmen. Das ist auch für den Herrn Chef nicht schön. Stell dir mal vor, der lungert auf deinem Kamin herum – das sieht doch lächerlich aus, das ist nicht schön! Also: Solche Sachen müssen raus! Bitte keine negativen Dinge! Vergiß nie das Gesetz der Resonanz – alles kommt zu dir zurück!

5. Prüfung: Ist das Ziel hoch genug?

Ein Ziel muss ganz, ganz hoch sein. Warum? Wenn ich ein hohes Ziel habe, dann muss ich mich recken und strecken, und überlegen: *„Was muss ich machen, um dieses hohe Ziel zu erreichen?"* Ich muss mir also richtig Mühe geben und durchstarten. Und ich muss mir überlegen, was ich anderes machen muss, um erfolgreich zu sein.

Nehmen wir unseren ehemaligen Bundeskanzler: Als junger Mann rüttelte er an den Gitterstäben vom Bundeskanzleramt und sagte: *„Hier will ich rein!"* Dann kam er rein und blieb auch eine ganze Weile drin. Irgendwann dachte er wahrscheinlich: *„Hier will ich wieder raus!"* Das ist aber eine andere Kanne Bier. Er hatte sein Ziel jedenfalls erreicht. Doch wie viele Knüppel hatte man ihm zuvor zwischen die Beine geworfen, damit er nicht Bundeskanzler wird?

Mein Vater sagte früher immer: *„Junge, setz dir kleine Ziele, erreichbare Ziele, Etappenziele!"* Einerseits hat er ja recht. Die längste Reise beginnt mit dem ersten Schritt. Aber erstmal will ich doch wohin – und da kann ein Ziel nicht hoch genug sein! Vielleicht erreichst du die Sonne nicht – kann ja sein –, aber du kratzt die Wolken an, und du bist immer noch höher als all die anderen! Aber die meisten sagen viel zu schnell: *„Das geht nicht!"* Probiere es doch erst einmal aus!

6. Prüfung: Ist das Ziel, das du anstrebst, bereits in deinem Kopf bildhaft abgespeichert?

Du musst dir dein Ziel, was auch immer es jetzt ist – beruflich, im Sport, gesundheitlich, familiär –, bildhaft vorstellen. Und da machen die Leute die meisten Fehler. Wenn du also sagst: *„Ich möchte ein neues Auto haben"*, dann ist das ja eine hübsche Sache, aber es wird so nicht funktionieren. Du musst dir im Kopf genau vorstellen – vor deinem geistigen Auge –, wie dieses Auto aussehen soll. Nehmen wir diesmal zum Beispiel ein Mercedes Cabriolet. Du sagst dir: *„Mercedes, das ist meine Traummarke."* OK, also, wie soll das Auto aussehen? Dein neues Auto muss silberfarben sein. Ist ja klar! Ein Neuwagen – silber. Das Dach? – Rot! Welche Räder möchtest du haben? 19-Zoll-Walzen. Das wäre mein Traum. Leder? Selbstverständlich. Rotes, mundgekautes Leder, tausendfach gepeitschte Ratte. Das wär's!

Du stellst dir das Auto so vor, wie es in deinen kühnsten Träumen aussehen würde. Du klatschst es voll mit allen Extras: Navigationssystem, CD-Player, Automatik, TV... Alles, was in dieses Auto hineinpasst, stellst du dir in bunten Bildern vor. Weißt du, was dann passiert? An jeder Ecke siehst du ab heute ein silberfarbenes Mercedes Cabriolet. Es gibt im Umkreis von fünfzig Kilometern kein silberfarbenes Mercedes Cabriolet, das du auf der Straße *nicht* mehr siehst. Du wirst irgendwann zu deiner Frau sagen: *„Du, wo waren die Dinger eigentlich alle vorher?"*

Was ist passiert? Dein Bewusstsein hat sich erhöht! Und in dem Moment, wo sich dein Bewusstsein für eine Sache erhöht, geht es ja gar nicht, dass du dein Ziel *nicht* erreichst. Jetzt wirst du weiter fragen: *„Ja, Herr Wilde, wie soll ich mein Ziel denn erreichen? Wer soll mir dieses Auto denn bezahlen?"*

Das ist völlig uninteressant. Warum? Der Weg zum Ziel ergibt sich auch hier. Fang jetzt bloß nicht an, mit deinem logisch-rationalen Verstand zu überlegen.

7. Prüfung: Ist das Ziel als bereits erreicht vorgestellt?

Das Ziel, was du jetzt im Kopf hast, musst du dir bildhaft als bereits erreicht vorstellen! Da machen wir leider oft dumme Fehler. Sagen wir mal, dein Ziel wäre ein schwarzer 5er BMW. Ist es richtig, wenn du sagst: *„Ich wünsche mir einen schwarzen 5er BMW?"* Ist das richtig formuliert? Nein! Wie muss das heißen? *„Ich **habe** einen schwarzen 5er BMW!"* *„Ich **fahre** beziehungsweise **besitze** einen schwarzen 5er BMW!"* Wenn du sagst: *„Ich **wünsche** mir das Auto!"*, dann wirst du Weltmeister im *BMW wünschen*, und wenn schon gar keine mehr gebaut werden, dann wünschst du ihn dir immer noch! Das heißt: *„Ich **habe** das Abitur **geschafft**!"* *„Ich **habe** den Praktikumsplatz **bekommen**!"* *„Ich **habe** die Lehrstelle **bekommen**!"* *„Ich **habe** die Traumfrau **kennengelernt**!"* *„Ich **fahre** diesen tollen Wagen!"* *„Ich **bin** wieder gesund geworden!"* Das Endziel musst du vorweg nehmen!

Franz Beckenbauer hat im Jahr 2000 einmal gesagt: „Seitdem ich 1996 die Schirmherrschaft des DFB um die Bewerbung zur Austragung der Fußball-WM 2006 übernahm, sah ich mich schon diese in Deutschland eröffnen! Es bestand nicht ein Zweifel daran, dieses Ziel zu erreichen!"

9 Das Ziel loslassen

Wenn du ein Ziel im Kopf hast, musst du es anfokussieren wie ein Bogenschütze! Wenn der ein Ziel treffen will, nimmt er den Bogen, legt den Pfeil ein, spannt den Bogen,...

Was passiert, wenn du den Pfeil nicht loslässt? Du wirst müde! Du wirst dein Ziel nie treffen.

Das Leben ist wie ein Fluss. Und in dem Moment, in dem wir in den Fluss eingreifen, in dem wir etwas verändern wollen, weil wir den Fluss begradigen wollen, geht es schief. Also, lass das Leben einfach fließen.

Die Schuhkaufgeschichte

Du willst heute mit einer Freundin in die Stadt gehen und sagst zu ihr: „Du, ich kaufe mir heute ein Paar ganz tolle Schuhe!"... „Oh ja, das machen wir!"... Was wird passieren? Du wirst heute alles kaufen, Lippenstift, eine neue Hose, einen neuen Duft, aber keine Schuhe... Beim ersten Paar ist der Absatz kaputt, bei dem nächsten Paar stimmt die Farbe nicht, das übernächste ist zu teuer. Warum? Weil du Druck machst, weil du es unbedingt willst. Einige Tage später wirst du spontan zu einer Arbeitskollegin sagen: „Du, da drüben ist ein Schuhladen, komm, wir gehen mal eben schauen!" Weißt du, was dann passiert? Du wirst mit fünf Paaren wieder herauskommen – eins schöner als das andere. Warum? Du hast das Thema losgelassen!

Wir halten an so vielen Dingen fest und können uns so schlecht von unseren Besitztümern trennen. Vor allem, wenn es Denkmuster sind. Aber mit den materiellen Dingen anzufangen, ist schon mal ein guter Einstieg. Die folgende Loslass-Übung kannst du gleich heute abend machen.

Du stellst dich vor deinen gefüllten Kleiderschrank, bewaffnet mit einem Stift und einem Stück Papier, auf dem du alle Kleidungsstücke notierst, die du hinter der Schranktür vermutest. Dann – aber erst dann öffnest du die Tür. Alles, was nicht auf deinem Zettel steht, fliegt raus. Du hältst doch immer noch daran fest, obwohl es dir längst entfallen ist. Wie soll da etwas Neues im Leben passieren? Gib das Zeug in die Tonne oder zur Kleidersammlung. Wenn die Sachen sehr wertvoll sind, kriegst du im Secondhand-Laden sicher auch noch ein paar Euro dafür.

Beim Loslassen kommt es auf drei Dinge an:

1. Akzeptiere, wo du stehst!

„Wir können eine Sache nicht ändern, wenn wir sie nicht akzeptieren", sagte C. G. Jung. Solange du den Ist-Zustand verurteilst, hältst du daran fest. Wenn du deine Schulden, dein Dicksein oder deine Einsamkeit hasst, verbrauchst du dabei nur unnötig Energie. Deine Gedanken bleiben stecken in dem, was du nicht willst – und dadurch machst du es stärker. Solange wir den Ist-Zustand nicht akzeptieren, halten wir ihn fest und blockieren ihn damit. Akzeptieren heißt nicht resignieren – akzeptieren heißt nur: die Dinge verstehen, wie sie sind.

Die Dinge nicht zu akzeptieren, wie sie sind, ist ungefähr so, als wollten wir von A nach B kommen, ohne zu akzeptieren, dass wir uns in A befinden.

Stell dir vor, du willst von Rom nach Mailand, aber du weigerst dich zu akzeptieren, dass du in Rom bist. Dann suchst du womöglich Fahrpläne von München nach Mailand raus – aber die helfen dir nicht, weil du nicht in München bist. Erst einmal musst du akzeptieren, wo du stehst – so schlimm das auch sein mag –, erst dann kann man sich vom Fleck bewegen.

Erst wenn wir anfangen, die Dinge so zu akzeptieren, wie sie sind, geben wir ihnen eine Chance, sich verändern zu können. Wer versucht, an den Dingen zu rütteln, holt sich höchstens einen verkrampften Rücken.

2. Denk nicht an den Weg!

Vielleicht können wir uns den einen oder anderen Weg vorstellen, wie wir zum Ziel gelangen. Wer aber sagt, dass es nicht noch andere Wege gibt? Viele Unternehmen blockieren das kreative Potenzial ihrer Mitarbeiter dadurch, dass sie die Wege zur Zielerreichung akribisch genau festhalten. Das Leben aber ist immer gut für Überraschungen. Wenn du dem Ziel sagst: *„Nur so und so darfst du in mein Leben treten"*, dann sperrst du ihm viele Türen zu. Ebenso ist es, wenn ein Mensch krank ist und auf eine bestimmte Form der Therapie festgelegt ist. Damit blockiert er seine Spirituelle Intelligenz.

3. Vergiss es!

Wenn du dich auf ein Ziel konzentrierst, bedeutet das nicht nur, dass es dir besonders wichtig ist. Es heißt auch: Du hältst daran fest. Wer sich als Verkäufer von Versicherungspolicen, wie ich es war, all zu sehr darauf konzentriert, dass der Kunde jetzt gefälligst den Vertrag unterschreiben soll, damit die Provision fließt, blockiert sowohl den Kunden als auch sich selbst. Es gibt den schönen Spruch von Schiller: *„Man merkt die Absicht und ist verstimmt."*

Wer sich verbissen auf sein Ziel konzentriert, begrenzt sein Potenzial. Manchmal sind nämlich die Ziele, die wir uns setzen, viel zu klein, und das Leben ist bereit, uns viel mehr zu schenken, als wir uns zum Zeitpunkt der Zielsetzung vorstellen konnten.

Das nächste Ziel

Je nachdem, wo wir stehen, ändern sich unsere Bedürfnisse und damit die Qualität unserer Ziele. Der amerikanische Psychologe Abraham Maslow stellt die menschlichen Bedürfnisse in einer fünfstufigen Pyramide dar:

- ☺ Auf der ersten Stufe geht es um elementare menschliche Grundbedürfnisse wie Essen, Trinken, Kleidung, aber auch Schlaf und Sexualität.
- ☺ Auf der zweiten Stufe treten die Sicherheitsbedürfnisse in den Vordergrund. Da geht es zum Beispiel um eine Wohnung, einen festen Arbeitsplatz, Gesundheit, um alle Arten von Rechtsschutz und Versicherungen.
- ☺ Die dritte Stufe stellt die sozialen Beziehungen in den Mittelpunkt: Freundeskreis, Partnerschaft.
- ☺ Die vierte Stufe beschäftigt sich mit sozialer Anerkennung: Status, Wohlstand, Geld, Macht & Karriere.
- ☺ Die fünfte Stufe richtet sich auf Selbstverwirklichung: Philosophie, Berufung, Individualität.

Die unteren drei Stufen sind sogenannte Defizitbedürfnisse. Sie müssen befriedigt sein, damit man zufrieden ist, aber wenn sie erfüllt sind, ist es auch genug. Wenn man satt ist, hört man auf zu essen – außer, man hat eine Ess-Störung.

Wachstumsbedürfnisse auf der fünften Stufe können demgegenüber nie wirklich befriedigt werden. Ein Schriftsteller etwa schreibt Romane, um sich selbst zu verwirklichen – dem künstlerischen Bedürfnis nach Kreativität sind keine Grenzen gesetzt.

Jeder von uns ist voll von unentdeckten Facetten seiner Persönlichkeit – und so wenige Menschen schaffen es, ihre Potenziale voll zu entfalten. Das hat nicht unbedingt etwas mit der materiellen Ausstattung unseres Lebens zu tun. Wer bei analphabetischen Eltern in einer pazifischen Fischerhütte aufwächst, hat ebenso Defizite bei der Potenzialentwicklung, wie ein verwöhnter arabischer Prinz, der seine Zeit damit totschlägt, in der Wüste mit einem Motorbob zu fahren. Einmal mangelt es an den materiellen, das andere Mal an den geistig-seelischen Voraussetzungen.

Deshalb ist es mir so wichtig, das Wissen über Ziele und Zielerreichung bis in den hintersten Winkel der Gesellschaft zu tragen. Kein Schüler sollte die Schule verlassen, ohne es in sich aufgenommen zu haben. Warum denn immer nur Rechnen, Lesen, Schreiben? Das reicht nicht für die Zukunft!

Die einzige Art, wie wir unsere fernsten und größten Ziele erreichen können, liegt darin, dass wir bei den kleinsten und nächsten Zielen anfangen. Was immer du glaubst, jetzt tun zu müssen, fang damit an. Jetzt sofort! Wenn du es jetzt nicht tust, wirst du es morgen auch nicht tun. Wenn du es morgen nicht tust, wirst du es nie tun. Wie willst du denn große Ziele erreichen, wenn du die kleinen schon nicht schaffst?

10 Wie man sich und andere bei der Arbeit gut führt

Bekanntlich kam es ja durch die 68er-Bewegung zu einem gravierenden Umbruch in unserer Gesellschaft, der es deutlich schwieriger machte, ordentliche Führungskräfte heranzuziehen.

Jetzt haben wir den Schlamassel. Weil kaum noch einer den Arsch in der Hose hat, um anständig zu führen, herrscht ein Riesendefizit an Führungskräften. In vielen Firmen werden die Mitarbeiter an allen möglichen Entscheidungen beteiligt, damit es möglichst demokratisch aussieht und im Zweifelsfall niemand mehr die Verantwortung trägt. Wo ich hinkomme, schlägt mir daher diese Sehnsucht entgegen: Führe uns!

Ja, wer bin ich denn? Egal, ob es Hauptschüler oder studierte Manager sind: sie sehnen sich nach klaren Autoritäten.

Mit dem Arbeiten haben wir eigentlich kein Problem. Die meisten Menschen arbeiten gerne – daheim im Garten oder als Hobbyfotograf. Aber in der Firma?

Da gilt oft als Verräter, wer gerne arbeitet. Diese Haltung können wir uns nicht länger leisten. Wir alle, Führer und Geführte, müssen unseren Arsch bewegen, damit Arbeit wieder Spaß macht. Mittlerweile stehen die Chancen dafür nicht schlecht, denn eine neue Führungsgeneration hat die Kommandostände der Wirtschaft erklommen. Die Kinder der 60er Jahre lösen allmählich die Alt-68er ab, und damit ziehen neue, alte Werte wieder in die Firmen ein.

Glücklich durch Aufgaben

Wir arbeiten nicht nur, um zu leben, wir wollen auch eine Arbeit haben, die uns glücklich macht. Geld ist *eine* Sache, innere Befriedigung die andere. Die Ansprüche, die wir heute an unsere Arbeit haben, sind gewaltig gewachsen – vielleicht sind gerade deshalb so viele Menschen mit ihrer Arbeit unzufrieden.

Eine Untersuchung der Universität Chicago hat gezeigt, dass in den letzten vierzig Jahren der Anteil der Menschen, die rückhaltlos sagen: *„Ich bin glücklich!"*, gleich geblieben ist – es sind fünfzehn Prozent. Bei der Frage nach den Gründen für das Glück nannten die meisten Befragten *„erfüllende Aufgaben"*, nicht etwa Besitz und Wohlstand.

Wenn du nur im Luxus schwelgst und ansonsten nicht weißt, wozu du im Leben gut bist, was deine Aufgabe ist und wofür du brennst – dann nützt dir auch der ganze Luxus nichts. Solange wir unsere Ziele nur auf Besitz und Konsum richten, werden wir immer wieder feststellen, dass all die Dinge, die wir uns gewünscht haben, nach kurzer Zeit langweilig und uninteressant werden, sobald wir sie haben. Besitz macht besessen. Er bindet uns und muss verteidigt werden.

Der englische Forscher Richard Layard hat sich mit der Frage beschäftigt, wie Glück und materieller Wohlstand zusammenhängen. Nur bei sehr armen Menschen gibt es einen nachweisbaren Zusammenhang zwischen Geld und Glück. Sobald die Grundbedürfnisse befriedigt sind, entsteht durch mehr Einkommen nur wenig oder kein Zuwachs an Glück. Das Streben nach immer mehr Wohlstand kann sogar zu einer Sucht werden, die nach immer stärkeren „Kicks" verlangt und dadurch das seelische Ungleichgewicht fördert.

Jeder Mensch ist einzigartig und einmalig. Jeder Mensch hat eine einzigartige Mission auf diesem Planeten – ist das nicht phantastisch? Jeder Mensch möchte in seiner Arbeit aufgehen, statt in ihr unterzugehen. Wie kommt es dann, dass so viele Menschen über ihre Arbeit jammern?

Egal, welche berufliche Tätigkeit du ausübst, ob du abhängig beschäftigt bist, freiberuflich oder selbständig arbeitest – eines sollte dir klar sein: dein Erfolg kommt von innen. Deine *fachliche Kompetenz* ist nur die eine Seite der Medaille. Die andere Seite ist deine *soziale Kompetenz*. Dazu gehört nicht nur die Fähigkeit, mit anderen gut kommunizieren zu können, sondern auch die Fähigkeit, dich selbst zu managen. Dich selbst managst du, wenn du dir über deine Ziele klar wirst und den Gedanken folgst, die deinen Zielen dienen.

Manche Menschen glauben, wenn sie viel arbeiten, verdienen sie auch viel. Sie irren – Reichtum kommt nicht von außen. Reichtum kommt von innen. Ist ein Mensch innerlich nicht reich, das heißt: hat er wenig Charakter, Stärke, Disziplin, Durchhaltevermögen, Willen, Vertrauen, Freundlichkeit und folglich auch die dementsprechende ärmliche Ausstrahlung, wird er im Außen kaum erfolgreich sein, also *reich* an *Erfolg*.

Offenbar ist die Arbeit erst dann befriedigend, wenn sie als Berufung erlebt wird. Egal, welchen Beruf wir haben – wenn es nicht zugleich auch unsere Berufung ist, in diesem Beruf zu arbeiten, werden wir darin unglücklich.

Wenn du anfängst, deine Ziele als Aufgaben im Sinne einer Berufung zu suchen, dann suchst du nach einer Tätigkeit, bei der du einzigartige Spuren in der Welt hinterlässt – genau die, die deinen Wünschen und Fähigkeiten entsprechen. Das musst du aber herausfinden, also das, was du wirklich willst, und die Sache dann angehen.

„Genieße deine Kraft, man lebt nur, wenn man schafft!", sagt das Sprichwort.

Geld verdienen

Wie sehr wir uns selbst begrenzen, zeigt sich beim Reden über Geld. Ebenso, wie wir dazu neigen, von Krankheiten zu reden, denken wir vor allem über Geld nach, das wir nicht haben.

Wenn ich mir sage, dass ich mir vorstellen kann, 10.000 € im Monat zu verdienen, dann geht es. Oftmals sagen die Leute diesen blöden Satz: *„Na ja, ich bin ja schon froh, wenn ich im Monat 2.800 € verdiene."*

Weißt du, was jetzt passiert? Du wirst nie 2.900 € verdienen!

Wenn ich dir jetzt sage, wie man im Monat 10.000 € verdient, was wirst du mir dann sagen? *„Weißt du Frank, das kann ich mir gerade nicht vorstellen."* Mein Unterbewusstsein kann nie unterscheiden: will es eine Sache, oder will es eine Sache nicht! In dem Moment, in dem du dich auf etwas konzentrierst, bekommst du es. Wenn es eine Katastrophe ist... Bingo, dann bekommst du eine. Und wenn du dich ein bisschen nach diesen Naturgesetzen richtest, die ich dir hier vermittle, dann wird vieles viel einfacher gehen! 10.000 € – ja warum eigentlich nicht?

Eine Langzeitstudie der amerikanischen Harvard-Universität zum Karriereverlauf von Universitätsabsolventen ergab eindeutig, dass Menschen mit klaren Zielen mehr Geld verdienen als Menschen ohne klare berufliche Ziele. 83 Prozent der Befragten mit Zielen verdienten im Durchschnitt einen jährlichen Dollar-Betrag X. 14 Prozent hatten klare Karriereziele, diese aber nicht schriftlich fixiert. Sie verdienten im Schnitt dreimal soviel Geld wie die Angehörigen der ersten Gruppe. Nur drei Prozent hielten ihre Ziele schriftlich fest – dafür verdienten sie im Schnitt aber zehnmal soviel. Natürlich schwanken diese Zahlen von Land zu Land und von Zeit zu Zeit – doch eins bleibt: Klar definierte und fixierte Ziele sind Gold wert.

Nun gibt es aber auch Menschen, die für Geld Dinge tun, die sie vor ihrem Gewissen nicht verantworten können. Dinge, die zum Schaden anderer und nicht zum Wohle der Welt sind. Da solltest du dich fragen, ob sich das lohnt. Im Zweifelsfall ist es doch besser, mit einem guten Gefühl in den Spiegel zu schauen als in den Tresor...

Arbeite mit Freude

„Viele Menschen warten ihr Leben lang auf die Gelegenheit, auf ihre Art gut zu sein.", war die Meinung Friedrich Nietzsches.

Das deutsche Gallup-Institut hat 2003 eine Studie zur Arbeitsmotivation durchgeführt. Demnach fühlen sich 88 Prozent aller Mitarbeiter in ihrem Unternehmen fremd, nicht mal jeder fünfte würde die Produkte oder Dienstleistungen seines eigenen Unternehmens kaufen. 18 Prozent dieser Gruppe haben schon innerlich gekündigt – sie bleiben nur noch in der Firma, weil sie keine bessere Perspektive sehen. 70 Prozent der Befragten leisten „Dienst nach

Vorschrift", und nur 12 Prozent identifizieren sich mit ihrem Job. Wie grauenhaft!

Nehmen wir mal an, du gehörst zur überwältigenden Mehrheit der Leute, die sich fragen: Was mache ich hier eigentlich? Bin ich hier im falschen Film? Wenn dir deine Arbeit absolut keinen Spaß macht – überlege doch mal, *was* dir eigentlich Spaß macht. Lässt sich mit dem, was dir Spaß macht, in irgend einer Weise Geld verdienen? Statt dich darüber zu ärgern, wie langweilig und anspruchslos deine gegenwärtige Arbeit ist, freue dich über die Chance, dass du während der Arbeitszeit das Bild deiner zukünftigen Arbeit entwerfen und in deinem Unterbewusstsein verankern kannst. Vielleicht gibt es jemanden, der froh über deinen Posten wäre... Mache ihn innerlich frei, biete den Vortritt. Vielleicht besteht das Problem auch in der Fülle der Möglichkeiten? Dann probiere die zwei, drei wichtigsten einfach aus, solange du jung bist, und entscheide dich nach gründlicher Prüfung für einen Weg. Die Arbeit zeigt den Weg – fang einfach an zu arbeiten mit dem, was dir Freude macht. Das fängt im Kopf an mit der Frage: Was will ich denn wirklich tun?

Im letzten Jahr musste ich schon um sechs Uhr im Fernsehstudio sein – und dann noch einen klugen Spruch draufhaben –, das ist natürlich ganz fies, mitten in der Nacht. Dann saß ich hinterher – zwischen diesen beiden Auftritten, einem um sieben Uhr und einem um halb neun – vor dem Studio und unterhielt mich mit den ganzen Leuten und fragte: „Seid ihr alle hier bei Sat1?" Und die nickten alle fröhlich. „Und was macht ihr hier?" „Ja", sagte der eine, „ich bin hier Kabelträger." „Ach ja, Kabelträger beim Fernsehen, ja klasse! Ist das ein lernbarer

Beruf?" "Nein, nein", sagte er, "von Beruf bin ich gelernter Innenarchitekt! Ich bin seit neun Jahren fertiger Innenarchitekt." Ich erschrak: "Moment – du hast auf dem Gymnasium Abitur gemacht, du hast ein abgeschlossenes Studium, bist seit neun Jahren fertiger Innenarchitekt und schleppst jetzt hier beim Fernsehen Kabel?" "Ja, ich weiß ja nicht, was ich machen soll!"

Was passiert, wenn dir eine Arbeit Spaß macht? Du merkst gar nicht, dass du arbeitest, aber du erzielst unentwegt befriedigende oder begeisternde Ergebnisse und lässt dich von Hindernissen nur noch mehr anspornen. Du bist ganz bei der Sache, alle Sorgen sind wie weggewischt. Die Zeit vergeht wie im Flug. Der Zustand des Hochgefühls entsteht, weil beide Gehirnhälften miteinander verbunden sind und synchron arbeiten.

Der amerikanische Psychologe Mihaly Csikszentmihályi nennt diesen Zustand *flow*. Er befragte 25 Jahre lang Tausende von Menschen aus allen möglichen Berufen und sozialen Schichten, unter welchen Bedingungen sie bei ihren Tätigkeiten Glücksgefühle entwickeln.

> *"Die besten Momente treten in der Regel ein, wenn der Körper oder Geist eines Menschen freiwillig an seine Grenzen gebracht wird, damit er etwas Schwieriges oder Lohnenswertes erschaffe (...) Solche Erlebnisse sind nicht zwangsläufig angenehm. Die Muskeln eines Schwimmers verkrampfen sich vielleicht bei seinem denkwürdigsten Wettschwimmen, seine Lungen sind bis zum Besten prall und er ist der Erschöpfung nahe – und dennoch behält er diesen Augenblick als einen der schönsten in seinem Leben im Gedächtnis."*

In den Flow-Zustand können wir nur geraten, wenn wir das sichere Gefühl haben, dass die Herausforderung zu unseren Fähigkeiten passt und wir uns weder unter- noch überfordern.

Frage dich doch mal: Bei welchen Tätigkeiten bist du schon mal im Flow-Zustand gewesen? Es muss ja keine geistige Tätigkeit sein. Vielleicht kannst du die Welt praktisch mit deinen Händen begreifen und nicht theoretisch im Kopf. Auch wenn Kopfarbeit in der Regel besser bezahlt wird – wenn dein Glück in einer manuellen Tätigkeit liegt, warum solltest du dir das nicht gönnen?

Bewerbe dich – aber nicht wie alle

Die meisten Menschen machen beim Bewerben den Fehler, dass sie sich innerlich klein machen und wie Bittsteller bei dem Arbeitgeber ihrer Wahl auftreten. *„Entschuldigung, haben Sie Arbeit für mich?"* Wenn du so fragst, geht es nicht.

Es reicht auch nicht aus, wenn deine Bewerbungsunterlagen fehlerfrei sind und dein Foto dich von deiner Schokoladenseite zeigt. Du musst dich immer fragen: *„Was kann ich anders als alle anderen machen? Wie kann ich dem Empfänger klarmachen, dass ich den Job wirklich will?"* Dazu musst du manchmal zu drastischen Mitteln greifen. Dazu ein Beispiel, das mir der Chef einer Personalentwicklungsabteilung erzählte:

> *Ein junger Mann will unbedingt auf einem Kreuzfahrtschiff arbeiten. Die Bewerbungsfrist ist eigentlich schon abgelaufen. Was macht er? Er findet heraus, wie der Chef*

der Personalabteilung heißt, und kündigt ihm per Fax an, dass dieser am folgenden Tag per UPS seine Bewerbungsunterlagen erhalte. Dieses ungewöhnliche Engagement beeindruckte den Chef – so dass der junge Mann die Stelle erhielt, obwohl er sich als letzter beworben hatte.

Oder du rufst gleich an und sagst: *„Sie haben eine tolle Firma, ich bin ein toller Typ und würde mich hier gerne konstruktiv einbringen."* Dann gibst du gleich zu verstehen, dass du es schaffst, deinen Fuß in die Tür zu setzen. Dein zukünftiger Chef sagt sich: *„Den frechen Kerl zieh ich mir mal rein."* Und du kannst dir die Hände reiben: *„Sitz ich erst am Tisch, hab ich ihn erwischt."*

Die Art und Weise, wie du dir deine Arbeit holst, verrät eine Menge darüber, wie du sie ausführst. Stell dir vor, du gingest zum Kunden und sagtest: *„Wir müssen davon leben, dass wir dieses Produkt an den Mann bringen, würden Sie es bitte kaufen?"* Eine schlechtere Werbung könntest du gar nicht machen.

Also gib deinen zukünftigen Bossen zu verstehen, was für ein gutes Geschäft sie machen, wenn du ihnen deine Fähigkeiten zur Verfügung stellst.

Ob man einen Job bekommt oder nicht, hat nicht immer was mit mangelnder Qualifikation zu tun. Oft ist sogar eine überdurchschnittliche Qualifikation der Grund dafür, dass jemand eine Stelle nicht kriegt.

Es ist allerdings eine Illusion zu glauben, dass in Firmen immer jene die jeweiligen Stellen bekommen, die fachlich am besten dafür geeignet sind. Zuviel Kompetenz kann sogar eine Bedrohung bilden – für Stelleninhaber, die hierarchisch höher angesiedelt sind. Oft wird einfach nur der

Bewerber genommen, der nicht gefährlich werden kann. Firmen, in denen eine solche Einstellungspolitik herrscht, droht die kollektive Verblödung – sie arbeiten hart an ihrem Verschwinden.

Arbeit ist eine Holschuld und keine Bringschuld

Das erste Mal hörte ich diesen Satz bei einem Crew-Training aus dem Munde des Kapitäns auf einem Kreuzfahrtschiff. Auf einem Schiff kann niemand ausweichen – der volle Einsatz ist gefragt, und zwar rund um die Uhr. Wenn einer schlapp macht, bekommen es die anderen sofort zu spüren. Wer eine positive Einstellung zur Arbeit erleben will, der geht auf ein Schiff. Deshalb haben es Angehörige einer Schiffsbesatzung auch nicht schwer, zu Lande einen Job zu finden – die vorbildliche Arbeitshaltung hat sich herumgesprochen.

„Arbeit ist eine Holschuld und keine Bringschuld" – das klingt im normalen Arbeitsalltag reichlich verwegen. Da hören wir ganz andere Töne.

Glaubst du, dass jemand anderes dafür verantwortlich ist, dir eine Arbeit zu besorgen? Da kannst du lange warten. In unserem Grundgesetz steht zwar was von einem „Recht auf Arbeit" – aber wen interessiert das schon? Jedenfalls nicht die Machthaber unseres gegenwärtigen Systems. Die *reden* höchstens davon – ansonsten sorgen sie dafür, dass Leute wie du aufs Abstellgleis geschoben werden. Das geschieht dir auch ganz recht.

Denn mit dieser Einstellung stimmt etwas nicht. Sie ist noch nicht optimal an deine Möglichkeiten angepasst. Du musst dir Arbeit holen und nicht darauf warten, dass jemand sie dir bringt. Mach flinke Füße – Aufgaben gibt es genug in dieser Welt!

Warte nicht länger darauf, dass eine Firma für dich Mama und Papa zugleich spielt. Es gibt einen lustigen Spruch, der diese Haltung auf den Punkt bringt: *„Unsere Bosse tun so, als würden sie uns gut bezahlen, und wir tun so, als würden wir gut arbeiten."* Willst du dein Leben mit Antäuschen vergeuden? Denke daran: Alles kommt zu dir zurück. Dann bleibst du eben ein Täuscher und Getäuschter.

Oder willst du dich in deiner Arbeit verwirklichen? Dann musst du erst einmal herausfinden, was du wirklich gut kannst und was dir fehlt, um es noch besser tun zu können. Dann musst du tief durchatmen, denn du brauchst einen langen Atem, um von deiner Fähigkeit gut leben zu können. Du musst einfach dran bleiben.

„Aber ich kann ja nichts!" Das glaub ich dir aber nicht. Jeder kann was. Wenn ich nur einen Arm habe, mache ich eben eine Erfindung für Einarmige. Wenn ich nicht rechnen kann, werde ich eben Masseur. Wenn ich nur an Autos herumschrauben kann, dann mache ich eben den besten Werkstatt-Service. Und wenn ich nur gute Stimmung verbreiten kann, na, dann werde ich eben Entertainer oder gründe einen Party-Service für gute Stimmung...

Jeder Mensch hat einen Sinn im Leben, eine einzigartige Gabe oder ein besonderes Talent, mit dem er andere beschenken kann.

Du musst diesen Sinn nur suchen. Besser gesagt: Du musst dich öffnen, damit du den Sinn finden kannst, oder der Sinn dich. Du musst nur begreifen, dass du auch der Schöpfer deiner Arbeitswelt bist.

Erfolgreich sind in einer Firma nur die, die selber sehen, was getan werden muss. Egal, ob als Hausmeister oder Vorstandsvorsitzender – erfolgreich bist du nur, wenn du aus eigenem Antrieb handelst. Eine *„intrinsische Motivation"* nennen die Psychologen das. Also nicht belohnungsgesteuert oder mit Strafandrohung im Nacken.

Wenn ich während meiner Arbeitszeit Moorhühner schieße, ist das eine Sauerei meinem Chef, der Firma und den Kollegen gegenüber. Womöglich klingelt jetzt auch noch das Telefon und ein Kunde wirft mit Geld, das versaut meine Trefferquote enorm. Da kann man keine Freundlichkeit mehr erwarten. Und mit dieser Einstellung gehen leider viel zu viele Menschen an ihren Job. Du kannst sie überwinden – wenn du deinen Arsch bewegst!

Lieben dich deine Mitarbeiter?

In welchen Firmen hast du eine hohe Mitarbeiterfluktuation und wo eine niedrige? Du musst nur mal gucken: Wer steht an der Spitze? Und so, wie der Chef drauf ist, sind auch die Leute in der Firma! Wir sagen immer: *„Die Mitarbeiter sind doof!"* Nein – die Mitarbeiter sind gar nicht doof! Der Chef hat eine Macke! Gerade in großen Firmen geht es oft nicht darum, ob es dem Unternehmen gut geht oder nicht, ob du erfolgreich bist oder nicht. Hier werden persönliche Eitelkeiten einzelner gepflegt.

Wann hast du als Chef deinen Leuten mal ein Weihnachtsgeld gezahlt oder mal etwas für den Geburtstag oder Urlaubsgeld? Es wird nur gestrichen! Wenn du deine Leute nicht gut behandelst – weißt du, was dann passiert? Du bist sie irgendwann los! Gute Leute orientieren sich immer um! Die sagen: *„In dieser Bude muss ich doch nicht bleiben! Dann* *mache ich eben etwas anderes!"* Na klar! Wenn du auf deine guten Leute nicht aufpasst, dann sind die weg! Wer seine Mitarbeiter mit Erdnüssen bezahlt, der muss sich nicht wundern, wenn er Schimpansen um sich herum hat! Das ist doch klar. Da musst du mal etwas geben, da musst du mal etwas bieten! Und wenn du es nicht machst – ist nicht schlimm –, dann macht es eben ein anderer! Und der macht es gut!

Es wird sich so viel ändern! Deine Mitarbeiter wie Sklaven behandeln? Die Zeiten sind vorbei! Das geht nicht. Die müssen auch bei Laune gehalten werden. Das ist aber nicht nur eine Frage des Geldes, das ist vor allem eine Frage der persönlichen Bereitschaft, seine Mitarbeiter dort abzuholen, wo sie mit ihren Bedürfnissen und ihren Fähigkeiten stehen. Du musst dich fragen: Gibt es ein *„Ja"* zu diesem Mitarbeiter oder ist es besser, eine Trennung herbeizuführen?

Ich war mal bei einem mittelständischen Lebensmittelkonzern mit immerhin 7,5 Milliarden Euro Jahresumsatz als Coach engagiert. Eines Tages waren dort zwei japanische Manager zu Besuch, um Arbeitsweisen deutscher Manager zu erforschen. Sie rannten den beiden Geschäftsführern den ganzen Tag hinterher. Nach einer Woche stellten sie die höfliche Frage:

> *„Dürfen wir Sie mal etwas fragen hier in Deutschland?"* *„Ja, ja"*, haben die Deutschen gesagt, *„klar können Sie uns alles fragen!"* *„Ja, uns interessiert in Japan nur eine einzige Frage: Lieben dich deine Mitarbeiter?"* *„Was?"* *„Ja"*, haben die Japaner gesagt, *„was uns in Japan interessiert, das wollen wir auch von deutschen Managern wissen: Lieben dich deine Mitarbeiter?"*

Diese beiden Geschäftsführer haben zwanzig Minuten gebraucht, um diese Frage *nicht* zu beantworten! Die Frage ist doch sehr einfach, oder? Wenn sie dich nämlich lieben, dann werden sie sich für dich quer vor die Tür legen: *„Wehe, einer stänkert hier meinen Chef an! Dann ist hier aber was los!"* Wenn sie dich nicht lieben, dann kannst du der tollste Chef sein – sie machen dir alles kaputt! Sie zerdenken dir das ganze Unternehmen.

Der Fisch fängt am Kopf an zu stinken

Oft geht es in Firmen zu wie beim Stille-Post-Spiel. Da gibt es Leute, die anderen Menschen sagen müssen, was sie tun sollen. Diese teilen die Aufgabe, beziehungsweise was sie davon verstanden haben, wiederum anderen Menschen mit, die gleichermaßen verfahren. Bis jemand die Aufgabe tatsächlich ausführt, ist von ihrem ursprünglichen Sinn nichts mehr übrig.

In Studien zum Firmenerfolg wird immer wieder festgestellt, dass die Unternehmenskultur der Schlüssel zum Erfolg ist. In der internationalen Studie „A great place to work" wurde zum Beispiel nachgewiesen, dass etwa 30 Prozent des Unternehmensgewinns durch eine mitarbeiter-orientierte Unternehmenskultur zu erklären sind. Zu dieser Kultur gehören nicht nur schöne Worte, wie sie in jeder Unternehmensphilosophie zu lesen sind, sondern vor allem ihre Glaubwürdigkeit. Je weniger Theorie und Praxis der Unternehmenskultur auseinander driften, desto mehr können sich die Mitarbeiter mit ihrem Unternehmen identifizieren; desto mehr haben sie das Gefühl, dass ihre Arbeit sinnvoll ist; desto motivierter sind sie bei der Arbeit.

„*Der Fisch stinkt vom Kopf her*", weiß der Volksmund. Wenn an der Spitze eines Unternehmens charakterschwache und unehrliche Menschen stehen, ziehen sie eben solche an. Das sind Menschen, die immer noch ernsthaft an die Devise der Band „Die Prinzen" glauben: *„Du musst ein Schwein sein in dieser Welt."* Die sind dumm genug, um das wörtlich zu nehmen.

Gerade bei kleineren Unternehmen kann sich das fatal auswirken. Nur weil du als Chefpersönlichkeit unterentwickelt bist, fährt das Unternehmen gegen den Baum. Schlechte Chefs haben unmotivierte Mitarbeiter um sich, diese erzeugen eine schlechte Stimmung im Betrieb, deshalb werden Kunden unfreundlich behandelt. Wenn die Auftragslage schon schlecht war, wird sie dadurch noch schlechter.

Wie oft höre ich von den Geschäftsführern der Firmen, die mich als Trainer engagieren, folgenden Satz: *„Sobald ich den Chef mache, mauern alle."* Ja, woran liegt denn das? Vielleicht weißt du nicht, wie das geht, Leute zu begeistern und sie dazu zu motivieren, ihren Arsch zu bewegen. Mach dir nicht in die Hose, sondern bediene dich der Möglichkeiten, die dir zur Verfügung stehen.

Es gibt ja Menschen, die motivieren und führen können. Es gibt viele unentdeckte Führernaturen, denen man nur die Gelegenheit geben muss, ihre Talente zur Geltung zu bringen. In jeder Belegschaft gibt es solche Talente, die müssen nur die Chance bekommen, ihre Fähigkeiten zu entwickeln, und natürlich muss jemand da sein, der ihre Talente erkennen kann.

Es sind Menschen, die sich nicht dauernd in den Vordergrund stellen und damit protzen müssen, was für tolle

Hechte sie sind. Statt dessen schaffen sie ein Umfeld, in dem alle Mitarbeiter ihre Fähigkeiten ausprobieren und erweitern können. Sie verlassen sich darauf, dass Menschen ein tiefes inneres Bedürfnis haben, sich mit ihrer Arbeit zu identifizieren, und sorgen dafür, dass dieses Bedürfnis kein frommer Wunsch und die Identifikation mit dem Unternehmen kein Lippenbekenntnis bleibt. Auf diese Weise holen sie nicht nur das beste aus ihren Leuten heraus, sondern wählen auch bei Neueinstellungen die besten Leute. Denn wirkliche Könner können sich ihren Arbeitsplatz heutzutage aussuchen, und Geld allein ist für sie kein seligmachendes Motiv mehr.

Frauenmacht auf dem Vormarsch

Wir Männer bilden uns ja gerne ein, den Lauf der Welt zu bestimmen. An der Oberfläche sieht es ja auch so aus. Aber was glaubst du, wer hinter den mächtigen Männern steht, die im Fernsehen Kriege verkünden, Armeen los schicken und den Klimawandel bekämpfen? Entweder Frauen – oder die Männer sind schwul. *„Die Männer sind der Kopf, die Frauen der Hals"*, sagt ein russisches Sprichwort.

Mittlerweile haben heute die Frauen schon ganz offiziell die Macht übernommen. In Europa fing es in Norwegen an, mit Frau Merkel hat die Bewegung Deutschland erreicht. Mal sehen, was sich in den USA demnächst in dieser Richtung tut.

Das ist auch gut so, denn wir Männer haben den Planeten reichlich ramponiert mit unserem Rambo-Gehabe, mit diesem So-Tun, als hätten wir noch eine zweite Erde im Kofferraum. Und jetzt meldet sich die Erde – denn alles kehrt zu uns zurück. Wie wir die Erde behandeln, so behandelt die Erde uns. Die meint es ebenso gut oder schlecht mit uns wie wir mit ihr. Das verstehen Frauen einfach besser, vermutlich hätten sie es nie so weit kommen lassen.

Wir Männer haben wohl eher aus Gebär-Neid den Penis-Neid erfunden, aber die neue Generation von Frauen interessiert das nicht. Sie wissen, was sie besser als Männer können: sie sind die besseren Zuhörer, die besseren Vermittler, sie können das Ganze besser im Blick behalten. Und deshalb wächst ihnen inzwischen auch immer mehr politische Macht zu.

Aber Frauen müssen immer noch kämpfen. Vor allem müssen sie kämpfen *lernen* und sich nicht darauf verlassen, dass ihre Stärken anerkannt werden. Denn die Männerdomäne ist heiß umkämpft. Wer einmal auf einem Stuhl sitzt, läßt ihn sich nicht so schnell wegnehmen, und schon gar nicht von einer Frau. Viele Männer haben sogar Angst vor Frauen in Führungspositionen und tun alles, um ihre männlichen Rudelrituale gegen sie einzusetzen.

Oft reden Männer und Frauen sogar über völlig verschiedene Dinge, wenn sie die gleichen Worte gebrauchen.

Zwei Männer schauen einer Frau auf den Hintern und sagen: Was für ein Arsch. Zwei Frauen reden über einen Mann: Was für ein Arsch.

Warum Frauen besser führen können

Frauen haben dreißig Prozent mehr Querverbindungen zwischen ihren beiden Hirnhälften. Durch ihre bessere Vernetzung sind sie den Männern haushoch überlegen. Frauen sind deshalb „multi-level taskingfähig" und können eher mehrere Dinge gleichzeitig tun. Männer können immer nur eine Sache machen. Wenn ein Mann zum Beispiel telefoniert, dreht er die Musik leiser, weil sie ihn sonst ablenken würde. Eine Frau telefoniert, guckt zum Fernseher, liest die Zeitung, macht sich die Fingernägel und belauscht andere beim Gespräch. Darum gehören Frauen auch in die Führungsetagen, denn Frauen hören einfach besser hin als Männer. Das einzige, was ihnen für den Aufstieg noch fehlt, ist das Gespür für die Rituale der Männer, die sich gegenseitig die Bälle zuspielen.

In Firmen gibt es zwei Wege, wie Menschen motiviert werden, eine Weisung auszuführen oder einem Wunsch zu entsprechen. Das eine ist der offizielle männliche Weg: Du willst etwas von deinem Mitarbeiter, also gibst du eine direkte Anweisung oder führst ein Zielvereinbarungsgespräch. Das ist der Weg der Hierarchie. Du vertraust darauf, dass dein Mitarbeiter tun muss, was du willst, weil du sein Chef bist. Aber will er es auch? Wenn er es nicht will, wird er immer Mittel und Wege finden, seinen Unmut in Leistungsverweigerung münden zu lassen.

Als hierarchisch denkender Mensch gehorchst du und befiehlst – und fragst nicht weiter nach. Noch heute denken die meisten Menschen, dass Hierarchie die einzige Art ist, wie ein Unternehmen überschaubar und kontrollierbar bleibt. Du hältst dich an die Hierarchiewege und kommunizierst nicht ungefragt mit der nächsthöheren Ebene nach oben, denn das gilt als illoyal und könnte zu Ärger führen. Man versucht, die menschliche Nähe nach oben und unten so gut es geht zu vermeiden. Doch eine strenge Hierarchie hat noch mehr Nachteile. Die Organisation wird schwerfällig, die Motivation ist oft unterentwickelt oder man wird frustriert. Manche gute Idee bleibt auf der Strecke, mancher gute Mitarbeiter kommt nicht dazu, seine wirklichen Potenziale zu entfalten.

Eine hierarchische Organisation ist dem Modell einer Maschine nachgebildet, in der Steuerbefehle jeweils in die nächsttiefere Ebene erfolgen. Wenn man sich aber einmal betrachtet, wie Entscheidungsprozesse wirklich verlaufen, wird man feststellen, dass es noch eine andere Logik in Organisationen gibt: die Logik des Beziehungsnetzes. Die Beziehungen sind wild im Unternehmen verstreut und haben etwas damit zu tun, wer wen freiwillig nett findet und wer mit wem auch mal in die Kneipe geht. Hier entstehen Bündnisse und Absprachen auf freiwilliger Ebene quer zu den offiziellen Hierarchien oder an ihnen vorbei.

Die amerikanische Kultursoziologin Faith Popcorn meint, dass das Beziehungsdenken in Zukunft immer mehr das Hierarchiedenken ablöst. Beziehungsdenken ist zwar das Denken der Zukunft, aber die Gegenwart wird noch immer vom Hierarchiegeist bestimmt. Der aktuelle Karrierenachteil der Frauen liegt darin, dass sie etwas können, was Männer erst noch lernen müssen – die Beziehungsebene wahrzunehmen und zu steuern.

Männer sind auf Sachen und Projekte fixiert, Frauen eher auf Menschen und Beziehungen. Bei den Männern ergibt sich aus dem Umgang mit Sachen und Projekten eine gute menschliche Beziehung, während für Frauen die menschliche Beziehung die Grundlage für alles andere bildet.

Für viele von uns Männern ist es unerträglich, Frauen dafür anzuerkennen, wenn sie was besser können. Gerade deshalb müssen wir es lernen. Bei zunehmender Komplexität des Lebens müssen wir alles unternehmen, um unsere Intuition eine weibliche Qualität zu stärken. Nur mit Hilfe unserer Intuition können wir die Probleme lösen, die der männliche rationale Verstand angerichtet hat. Sonst könnte es verdammt eng werden für unser Überleben als Spezies.

Erlernte Unfähigkeit

Wir haben es heute in Firmen vielfach mit erlernter Unfähigkeit zu tun. Menschen stecken in Routinen fest, die sie vor Jahren oder vor Jahrzehnten erlernt haben. Vielleicht waren sie schon damals nicht optimal, um reale Probleme zu lösen.

Stell dir vor, ein labiler Mensch geht zum Arzt, denkt an nichts Böses, und das Mädel hinter dem Schalter fragt: „Wie war Ihr Name?" Der wird doch sagen: „Wieso ‚war'? Ich leb doch noch! Kommt es doch zum Äußersten heute? Wo ist hier der Ausgang?"

Der Begriff der „erlernten Unfähigkeit" wurde 1915 von dem amerikanischen Soziologen Thorstein Veblen geprägt, um eine Form der mentalen und kulturellen Erstarrung zu beschreiben. Sie setzt genau dann ein, wenn Menschen bestimmte Verhaltensmuster und Fertigkeiten so sehr verinnerlichen, dass sie diese nicht mehr umprogrammieren können.

Als im 18. Jahrhundert die britischen Rotrock-Soldaten in Reih und Glied beim Aufstand der amerikanischen Kolonien aufmarschierten, hatten Heckenschützen auf Bäumen und hinter Felsen ein leichtes Spiel mit ihnen, denn sie wussten: Für den Kampf in der Wildnis mit Kugeln aus allen Himmelsrichtungen waren die englischen Rotröcke einfach nicht trainiert.

Auch wenn es im heutigen Wirtschaftskrieg nicht mehr um Gewehrkugeln, sondern um technische und logistische Innovationen geht, führt erlernte Unfähigkeit immer ins Desaster. Eine Firma, die kein zukünftiges Wachstum mehr produzieren kann, geht unweigerlich unter – egal, wie erfolgreich sie in der Vergangenheit war.

Bei erlernter Unfähigkeit kann es sich auch um persönliche Muster und Verhaltensweisen handeln, mit denen wir unsere Probleme zu bewältigen versuchen. Manch einer hat gelernt, alle schlimmen Ereignisse zu verdrängen. Mag sein, dass diese Muster für das Kind sinnvolle Verhaltensweisen waren, um einigermaßen durchs Leben zu kommen. Wenn der Mensch als Erwachsener aber noch immer nach dieser Maxime handelt, leert er womöglich nie seinen Briefkasten mit all den Rechnungen und wundert sich dann, wenn er plötzlich bankrott ist. Oder es hat jemand gelernt, seine Mitarbeiter von oben herab zu behandeln, und vor 20 Jahren damit seinen Laden perfekt geführt. So jemand wundert sich dann, wenn ihm heute die fähigen Leute weglaufen, weil die sich einen solchen Führungsstil nicht mehr gefallen lassen wollen.

Spiel die Botschaft über Bande

Oft leidet unsere zwischenmenschliche Kommunikation darunter, dass wir unserem Gegenüber etwas allzu direkt mitteilen. Wir wollen ehrlich sein und erreichen damit nur, den anderen zu verletzen. Viel besser ist es, dem anderen die Botschaft indirekt mitzuteilen. Das kann bedeuten, dass du wörtlich das Gegenteil von dem sagst, was du meinst.

„Herr Müller, ich finde, Sie haben sich völlig danebenbenommen, Sie weichen Ihrer Verantwortung aus und benehmen sich wie ein Elefant im Porzellanladen."

Dann wird der Herr Müller protestieren und versuchen zu beweisen, was für ein toller Hecht er ist.

„Herr Müller, Sie haben alles so gut gemacht, wie sie konnten. Sie haben sich so richtig ins Zeug gelegt. Haben Sie noch weitere Ideen?"

Dann ist Herr Müller in der Zwickmühle, weil er zugleich bestätigt und angespornt wurde.

Von Henry Kissinger wird erzählt, er habe als Außenminister der USA einen wichtigen militärischen Lagebericht während des Vietnamkriegs zurückgegeben mit dem Satz: Das können Sie besser. Daraufhin legte sich der leitende Mitarbeiter ins Zeug und lieferte eine zweite Fassung ab. Wieder erhielt er den gleichen Kommentar. Bei der dritten Fassung beklagte sich der Mitarbeiter persönlich bei seinem Chef, dass er jetzt wirklich alles gegeben habe. Da sagte ihm Kissinger ins Gesicht: Dann kann ich ja mal anfangen, es zu lesen.

Das ist ganz schön fies, aber manchmal geht es nicht anders. Neben prophylaktischen Rügen sind auch ironische Anweisungen ein probates Mittel, um jemanden dazu zu bewegen, sein Bestes zu geben. Etwa so: *„Bleib ruhig sitzen, deinen Arsch musst du nicht bewegen, bei dir läuft ja auch so schon alles prima..."*

Merkst du schon, wie es kribbelt?

Kündigen – warum nicht?

Wenn ein Mitarbeiter nachhaltig stört oder seine Aufgaben nicht anständig erledigt, dann muss er eben gehen. Jeder Mensch – jeder – ist ersetzbar! Nichts ist von Dauer!

Das heißt nicht, dass nicht jeder mal Fehler machen darf nur nicht immer den gleichen. Für diesen Fall gilt in vielen Firmen mittlerweile folgender Drei-Stufen-Plan. Beim ersten Mal sagt der Chef: *„Ich glaube, wir haben ein Problem. Wir müssen uns darum kümmern."* Beim zweiten Mal heißt es bereits: *„Ich glaube, du hast ein Problem. Du solltest dich darum kümmern."* Und beim dritten Mal gibt es bereits kein Problem mehr, weil die Kündigung schon erfolgt ist.

Trotz aller Einschränkungen bei den schriftlichen Arbeitszeugnissen, sag deinem Ex-Mitarbeiter wenigstens, warum er gehen musste – und gib ihm dadurch eine Chance zu lernen. Du schmeißt hier einen raus, und da kommt der nächste! Gemäß dem Gesetz der Resonanz ziehst du genau die Leute an, die immer deiner Eigenschwingung entsprechen.

Und wenn du deinen Chef nicht mehr ausstehen kannst, wenn deine Kreativität vor die Hunde geht, dann fasse dir ein Herz und suche eine Aussprache. Wenn das dein Chef nicht verträgt, dann gehe, bevor er dich rausschmeißt.

Wenn es dir gut geht, geht es auch der Firma gut

Immer mehr spricht sich auf den Führungsetagen herum, dass die Persönlichkeitsbildung der Mitarbeiter für den Firmenerfolg ausschlaggebend ist, denn die wahren Anlagegüter einer Firma sind nicht die, die man anfassen kann, sondern die mentalen Fähigkeiten der Mitarbeiter. Wie gut sie zusammen kreativ sein können und wie wenig sie sich dabei durch neurotische Spielchen gegenseitig behindern – das macht den Firmenerfolg aus.

Jetzt sag nicht: Das machen die ja nur, um mich besser ausbeuten zu können. Wenn du denkst, du wärst nur in der Firma, um ausgebeutet zu werden, dann hast du natürlich recht. Dann beutest du am besten die Firma auch gleich aus – als Rache. Aber wundere dich dann nicht, wenn du als nächster auf der Straße sitzt. Denn das ist die alte Denke: Hier der Arbeitgeber, dort die Arbeitnehmer. Das funktioniert nicht mehr. Ihr sitzt alle in einem Boot, und wenn ihr nicht anständig zusammen rudert, dann geht das Boot eben unter – schneller als ihr denkt.

Persönlichkeitstraining – ist das nicht eine tolle Chance, dich selbst weiter zu entwickeln? So kannst du von Problemen runter kommen, die du bislang im Alkohol ertränkt oder mit Tabletten ruhig gestellt hast. Du und deine Firma – ihr sitzt doch im gleichen Boot. Die Firma hat viel in dich investiert – warum solltest du vorzeitig einen Herzkasper bekommen? Wenn es dir schlecht geht, geht es der Firma auch schlecht. Wenn es dir gut geht, geht es auch deinen Mitarbeitern und Kunden gut.

Jeder von uns hat eine Fülle von Eigenschaften, die verborgen im Dunkeln schlummern und nur darauf warten, von einer anderen Person oder einer günstigen Situation geweckt zu werden. Wenn du anfängst, mit der Macht deiner Gedanken zu arbeiten, wirst du feststellen, dass auch dein Charakter eine formbare Masse und kein Felsblock ist.

Gekündigt – na und?

Viele sagen: *„In Berlin, bei Samsung, da schmeißen die jetzt alle raus, und jetzt sind alle arbeitslos!"* Jetzt mal unter uns: Wer gibt dir für irgend etwas im Leben eine Garantie? Bei der TUI sind vor einigen Jahren zwanzig Prozent der Mitarbeiter gekündigt worden. Die waren größtenteils 25 bis 30 Jahre dabei und sind von heute auf morgen auf der Straße gelandet. *„Ja, was soll ich denn jetzt machen? Ich war aber 27 Jahre dabei! Ich habe mich aber 27 Jahre da eingebracht bei meinem Arbeitgeber!"* *„Ja und? Hast du Gehalt bekommen?"* *„Ja, TUI hat immer pünktlich bezahlt!"* *„Worüber regst du dich auf? Warum glaubst du, ein Recht darauf zu haben, dass die Welt sich nicht verändert?"*

Viele Menschen haben sich beruflich verändert und sagen: *„Hätte ich das mal schon viel eher gemacht, denn jetzt habe ich einen tollen Chef, ich habe tolle Kollegen. Ich habe immer an einer Sache festgehalten, und jetzt kam ja etwas viel Besseres!"*

Wir lassen ja die Möglichkeiten gar nicht zu, die da draußen sind! Wir sehen sie nicht immer sofort – das ist etwas anderes –, aber es ist doch alles da. Wenn du mal mit offenen Augen durchs Leben läufst – einfach nur mal auf die Winke des Schicksals links und rechts achtest –, dann bist du unglaublich schnell am Ziel.

„Der Job ist futsch, was mache ich nun?" Lasse ich jetzt den Kopf hängen und denke: *„Die Welt mag mich eben nicht"*? Nein! Wenn ich an Mrs. Rowling denke, eine arbeitslose Lehrerin – was sagte sie? *„Weißt du was? Ich habe*

keinen Job, dann schreibe ich eben ein Buch!" Mrs. Rowling hatte nicht mal Geld für einen Kaffee, geschweige denn für eine Schreibmaschine oder einen PC – sie hat das Manuskript von „Harry Potter" mit der Hand geschrieben! Ein Buch, das in der Welt mehr als 300 Millionen mal verkauft worden ist! War das jetzt gut, dass sie arbeitslos war, oder war es schlecht? Es *war* einfach!

Mobbing – alles kommt zu dir zurück!

Mobbing-Opfer sind oft fleißige und hoch motivierte Menschen. Sie kommen früher zur Arbeit, bleiben länger, halten sich vom Tratsch fern. Mit ihrer hohen Leistungsbereitschaft erzeugen sie ungewollt Druck unter Kollegen, die sich wegen ihrer eigenen Schwächen bedroht fühlen – schon sind sie Mobbing-Opfer. Junge Mitarbeiter haben oft Ideen, die sich die älteren nicht erzählen lassen wollen – auch sie sind potenzielle Mobbing-Opfer. Mich hatten sie auch oft auf dem Kieker.

Bist du Opfer oder Täter? Als Mobbing-Opfer solltest du dich fragen, ob dein Chef berechtigte Kritik an dir übt oder es tatsächlich Verhaltensweisen an dir gibt, die für andere eine Belastung darstellen. Kann ja sein, dass du enttäuscht bist, dass du nicht befördert worden bist. Und dann bist du öfters krank geworden und hast dich für deine Arbeit noch weniger als vorher interessiert – und nun fühlst du dich gemobbt. Vielleicht täte es dir gut, ein Stück mehr Verantwortung für dich und deine Arbeit zu übernehmen.

Wenn du aber zu dem Ergebnis kommst, dass die anderen schuld sind, dann frage dich einfach: Wie kommst du durch die Kraft deiner Gedanken aus der Mobbing-Opferrolle raus? Der erste Schritt heißt: Mach dir klar, dass du kein Opfer bist. Die anderen haben nicht die Macht, dich dazu zu machen, wenn du selbst ihnen nicht dabei hilfst. Wenn dein Bild von dir sich ändert, wirst du zu Verhaltensweisen fähig, mit denen deine Kollegen nicht rechnen. Statt dich beleidigt zurückzuziehen, strahlst du sie freundlich an. Das wird sie ins Grübeln bringen. Es kann auch sein, dass das Mobbing für dich zum Auslöser wird, die Stelle zu wechseln. Dann kannst du deinen Feinden sogar dankbar sein, denn sie haben dir geholfen, eine Entscheidung zu treffen.

Burnout – was du dagegen tun kannst

Warum haben Menschen dieses „Burnout-Syndrom" und fühlen sich ausgebrannt? Ohrensausen, Schwindel, Atemnot, Herzklopfen – darunter leiden nicht nur überarbeitete Krankenschwestern, sondern vor allem Manager.

Viele Menschen werden krank, weil sie die falsche Arbeit ausüben. Das Bauchgehirn sagt: *„In deinem Job bist du nicht richtig."* Jetzt kommen wieder die Stimmen: *„Ich bin schon 45, mein Haus muss abbezahlt werden, bloß keine Risiken."*

Das Burnout-Syndrom entsteht durch übermäßigen Arbeitsstress über einen längeren Zeitraum hinweg. Von Stress wissen wir, dass er zu mindestens 50 Prozent hausgemacht ist. Prinzipiell kannst du dich ohne Ende über alles aufregen, aber dadurch ändert sich nichts – du wirst nur kränker. Also versuche, den Stress in dir zu reduzieren.

Wenn du dich von deiner Arbeit zu sehr gefordert fühlst, kann das verschiedene Ursachen haben:

- ☺ Du bist für den Job nicht geeignet. Dann such dir eine Arbeit, die besser zu dir passt. Das muss nicht von heute auf morgen passieren. Zunächst musst du dich nur fragen: *„Was will ich wirklich? Welche Tätigkeit liegt mir so am Herzen, dass ich mich ihr mit Freude widme?"*
- ☺ Deine Arbeitshaltung ist falsch. Du verlangst zu viel von dir. Mache dir bewusst, dass dein Wohlergehen nicht dadurch wächst, dass du es anderen recht machst und dich selbst dabei in den Schatten stellst. Reduziere deine Ansprüche auf ein menschliches, für dich erreichbares Maß.
- ☺ Du lässt dir von anderen zu viel aufdrücken. Du grenzt dich innerhalb der Hierarchie nicht klar ab – egal, ob nach oben oder unten. Kennst du das Sprichwort: *„Wer sich selbst zum Esel macht, dem will jeder Säcke aufladen"*? Fordere mehr Respekt ein. Der erste Schritt dazu ist: Nimm dich selbst ernster! Respektiere deine eigenen Wünsche als den wertvollsten und sichersten Schatz, den du hast.
- ☺ Dir fehlt der Ausgleich in der Freizeit. Überlege dir, ob du dich wieder häufiger in die Badewanne legst, mal wieder regelmäßig zum Kampfsport gehst oder dir einen schönen Ausflug in die Umgebung gönnst.

Konflikte lösen

Wenn ihr das nächste Mal einen eurer Grabenkriege (zum Beispiel in der Firma) führt, bedenke dabei: Wer gewinnt, verliert auch. Im Falle des Sieges gewinnst du einen Gegner im Hintergrund, der Energie abzieht und irgendwann zuschlägt – wenn du gar nicht damit rechnest. Überlegt euch, was euch aneinander wichtig ist, ob es ein tiefes *„Ja"* für den anderen gibt – sonst: Raus mit ihm, raus mit ihr. Denn warum wollt ihr euer Leben mit Halbherzigkeiten vergeuden?

Sag nicht: *„Du bist schuld, du musst mir mehr geben."* Gib selbst mehr, dann bist du für den anderen ein Vorbild und hilfst ihm, das gewünschte Verhalten zu zeigen! Denn wenn du selbst nicht gefüllt bist, hast du nichts, was du anderen geben kannst.

Wenn du recht behalten willst, musst du dem Gegenüber auch die Möglichkeit lassen, selbst recht zu behalten. Verwende statt *Du*-Botschaften *Ich*-Botschaften. Sag nicht: *„Du bist aber so und so."* Sondern: *„Ich fühle mich bei diesem und jenem Verhalten von dir so und so. Ich nehme das und das an dir wahr."*

Du-Botschaften werden immer als Angriff empfunden und lösen immer trotzige Gegenreaktionen aus. Zeig dem anderen Respekt – selbst wenn er oder sie ihn vermissen lässt.

Damit Beziehungen unser Leben bereichern, müssen wir uns auf das konzentrieren, was wir am Gegenüber wertschätzen. Das gilt gleichermaßen für das Arbeits- wie auch für das Privatleben. Das gleiche passiert, wenn wir uns auf die Fehler und Defizite unserer Mitmenschen konzentrieren. Die werden davon nur größer.

11 Dein Körper gehört dir

Erst langsam beginnt die westliche Schulmedizin, das Rätsel zu entschlüsseln, wie Körper, Geist und Psyche sich gegenseitig beeinflussen. Bisher prägte unsere Medizin ein simples Grundverständnis, wonach unser Körper eine große Maschine ist, die an einzelnen Stellen kaputt gehen kann. Krankheit ist demnach ein Feind, den es zu besiegen gilt. Mit etwas Glück kann man die kranken Stellen reparieren oder Ersatzteile einbauen.

Zum Glück begreifen immer mehr Ärzte, dass Krankheiten bloße Indikatoren sind. Wie die Blinklämpchen im Bordmonitor unseres Autos, die uns sagen wollen, dass irgendwo Öl oder Elektrizität fehlt. Wenn unser Körper krank wird, will er uns etwas sagen – wir müssen nur die Botschaft verstehen. Krankheit ist so etwas wie ein Notruf des Körpers und der Person, die darin steckt. Der Zustand und das Aussehen unseres Körpers ist ein Produkt unserer Gedanken und der daraus folgenden Lebensweise.

Unser Körper will gesund werden – so wie sich körperliche Wunden von selbst schließen. Selbstheilung ist eine natürliche Tendenz in jedem Organismus. Statt eines chemischen Ungleichgewichts kann unser Lebensstil oder unsere Einstellung zum Leben das Problem sein. Die krankhaften Veränderungen in unserer Körperchemie sind dann nur die Folge.

Die Wissenschaft hat festgestellt, dass durch die körpereigene, natürliche Zellerneuerung innerhalb von wenigen Jahren alle Teile des Körpers ersetzt werden. Wie kann es dann sein, dass sich bestimmte Krankheiten chronisch in unserem Körper festsetzen? Das kann doch nur passieren, wenn wir diese Krankheiten so richtig dick und fett machen durch die grenzenlose Aufmerksamkeit, die wir ihnen schenken.

Wenn du von einer Krankheit genesen willst, dann hör auf, an sie zu denken. Denk an was anderes, tue was anderes – etwas, das dir Kraft und Energie gibt, das dich mit Liebe und Dankbarkeit erfüllt. Konzentriere dich auf das, was dir Freude macht.

Probleme kann man meist nicht da lösen, wo sie sichtbar sind. Die Lösung kommt von dem entferntesten Punkt, den wir erreichen können – unseren höchsten Zielen.

Das gilt nicht nur für biologische Individuen, das gilt auch für soziale Organismen wie Firmen oder Konzerne. Eine Firma mit unzufriedenen Mitarbeitern wird das auf Dauer auch am Markt zu spüren bekommen – die Mitarbeiter laufen davon, die Kunden kaufen das Produkt nicht. Deshalb gehen immer mehr Firmen und Konzerne dazu über, Gesundheitsvorsorge für ihre Mitarbeiter anzubieten.

Placebo – die Einbildung heilt

Noch vor ein paar Jahren lächelte man über den *Placebo-Effekt* – denn welcher Arzt lässt sich schon gerne sagen, dass die Erfolge des eigenen Handelns nur auf Einbildung beruhen? Seit den achtziger Jahren des vergangenen Jahrhunderts sind diverse wissenschaftliche Studien zu dem Ergebnis gekommen, dass Heilerfolge in vielen Fällen vor allem auf dem Glauben des Patienten an eben diesen Erfolg beruhen. Von daher gilt bei Eingeweihten der Placebo-Effekt (lateinisch: *ich werde gefallen*) als das mächtigste Wirkprinzip der Heilkunde. Schon im zweiten Weltkrieg hatten Lazarettchirurgen verwundeten Soldaten mangels Masse statt Morphin Kochsalzlösungen verabreicht – auch diese konnten unerträgliche Schmerzempfindungen lindern.

Hierzu noch ein kleines Beispiel:
Im Jahre 2003 wurde in verschiedenen Publikationen ein Bericht veröffentlicht, in dem über eine medizinische Studie berichtet wurde, bei der man die eine Hälfte von Meniskus-Patienten am Knie operierte und bei der anderen Hälfte diese zwar in Narkose versetzte, jedoch nur einen kleinen Schnitt auf der Haut anbrachte, um einen operativen Eingriff vorzutäuschen. Den Patienten wurde nichts erzählt. Und trotzdem – oh Wunder! – hatten auch die nicht operierten Patienten Heilungserfolge vorzuweisen! In der Studie wurde dies als ein Beweis für den Placebo-Effekt angeführt.

Was ist nun der Placebo-Effekt? Nichts anderes als eines der kosmischen Gesetze in der Praxis angewandt: ***Der Geist beherrscht die Materie!***

Wenn dir heute Onkel Doktor Weißkittel eine Pille oder eine Spritze verabreicht und du zu ihm genügend großes Vertrauen hast, muss da nicht unbedingt ein medizinischer Wirkstoff enthalten sein, um bei dir eine Heilwirkung auszulösen – das besorgt allein dein Glaube. Natürlich gilt das ebenso wie für schulmedizinische Behandlungen auch für naturheilkundliche Verfahren.

Howard Brody, eine Koryphäe der psychosomatischen Medizin, hat in zahlreichen empirischen Studien über den

Placebo-Effekt den Beweis geführt, dass unser Körper bei Krankheiten oftmals die passenden heilsamen Substanzen selbst herstellt. Was in der eigenen „inneren Apotheke" an Medikamenten produziert wird, hängt von drei Dingen ab:

- ☺ Unsere Erwartungshaltung: Körperliche Veränderungen treten erst ein, wenn wir sie im Geist vorweg nehmen.
- ☺ Unsere angenommenen Verhaltensmuster, die bis in die Gegenwart und die Zukunft wirken, und
- ☺ die Bedeutung, die wir unseren Krankheiten beimessen.

Vor ein paar Jahren begegnete mir ein älterer Mann auf einem Kreuzfahrtschiff, der über zwei Jahre an meinen Kursen teilgenommen hatte. „Zufällig" hatte er immer dann seine Reise gebucht, wenn ich auf dem Schiff MS Europa engagiert war. Er war sehr vermögend, aber auch sehr einsam. Die Ärzte hatten bei ihm fortgeschrittenen Lungenkrebs diagnostiziert. Er war innerlich bereit, den Krebs als Strafe zu akzeptieren, weil er über Jahrzehnte hinweg starker Raucher war. Dann erkannte er, dass seine Lunge ihn nur prüfen wollte, was ihm mehr bedeutet: sein Leben oder seine Angst vor der eigenen Lebendigkeit. Er entschied sich für das Leben und beschloss fortan, sein Vermögen, das er bis dahin ängstlich gehütet hatte, für sein eigenes Wohlbefinden einzusetzen. Obwohl er einen Teil seiner Lunge verlor, wucherte der Krebs nicht weiter.

Egal, ob kranke Menschen Medikamente nehmen, sich operieren lassen oder nur ein Gespräch mit einem Arzt oder Heilkundigen führen – was immer sie tun, von dem sie glauben, dass es ihnen hilft, aktiviert die Selbstheilungskräfte des Körpers. Nach Meinung des Forscherpaares Elaine und Arthur Schapiro des New Yorker Mount-Sinai-Instituts haben wir Menschen die Fähigkeit, positive Erwartung in Heilerfolge umzusetzen, im Lauf der Evolution erworben. Menschen mit dieser Fähigkeit hatten demnach einen Überlebensvorteil, weil sie sich besser fühlten und dadurch auch gesünder waren.

Der Körper denkt in Hautausschlägen

Du kommst am Montag in die Firma und fragst deinen Kollegen: *„Und, wie geht es dir?"* Diese Frage hättest du nie stellen dürfen. *„Pass mal auf: Am Wochenende hatte ich entsetzliche Migräne, ganz fürchterliche Bauchschmerzen, der Rücken tut mir richtig weh, die Knie sind breit und dann noch das viele Wasser in den Beinen…"*

Menschen können sich nicht nur gesundbeten, nein, sie können sich auch krankbeten. Wie soll ich je gesund werden, wenn ich nur über das Thema *Krankheiten* nachdenke? Dann gebe ich Energie rein in das, was ich nicht will. Das Unterbewusstsein kann nie unterscheiden: Will er das, oder will er es nicht? Es hat einen Befehl bekommen und führt ihn ordnungsgemäß aus.

Hierzu ein Beispiel: Tu mir einen Gefallen, und denk nicht an eine große, gelbe, saure, saftige Zitrone! Du darfst dir jetzt auf gar keinen Fall diese wunderbare, große, gelbe, saure, saftige Zitrone vorstellen! Was passiert bei dir im Mund? Automatisch läuft die Spucke im Mund zusammen! Du willst das gar nicht, aber der Speichelfluss setzt ein!

Wir denken an die Dinge, die wir nicht wollen und wundern uns, wenn unser Unterbewusstsein dafür sorgt, dass das passiert. Das ist genauso, als wenn du Öl ins Feuer gießt und dich wunderst, dass es anschließend so richtig prasselt.

Denke nicht über Dinge nach, die du nicht willst, sondern denke ab jetzt sofort: *„Was will ich eigentlich? Was will ich für mich? Was will ich für meine Familie? Was will ich für meine Firma?"*

„Was soll ich nur tun?", sagte die Seele zum Körper, *„Er hört nicht auf mich!" „Ich werde krank"*, antwortete der Körper, *„dann hat er Zeit für dich!"* Es wird dir doch alles widergespiegelt. Du musst doch nur mal gucken: Welcher Mensch hat welche Krankheiten?

Wenn einer den ganzen Tag meckert, dann bekommt er eben Herpes. Wenn einer nicht loslassen kann – Hämorrhoiden. Wenn einer immer herum hustet, will er etwas sagen, es hört aber keiner hin. Also hustet er ein bisschen, damit man ihn wahrnimmt. Wenn einer mit einem Taschentuch zu Gange ist – von was hat der die Nase voll? Oder wenn einer einen dicken Hals hat – worüber regt der sich auf? Oder Neurodermitis – dieser Mensch möchte aus seiner Haut raus, weil er sich dort unwohl fühlt.

Manch einer wundert sich, warum ihm dieses oder jenes passiert ist. Er wollte eben nicht hören! Das ist doch nicht schlimm, dann bekommt er eben etwas mit den Ohren. Wer etwas mit den Augen hat, der will eben nicht sehen, wie die Dinge wirklich sind.

Es gibt Leute, die müssen andere immer anscheißen, vielleicht sogar irgendwo mit einem Papierblock stehen und

Falschparker aufschreiben. Solche Menschen sind meistens magenkrank, die Lunge und das Herz laufen nicht mehr. Neid und Hass sind wie eine Säure, und jede Säure zerfrisst irgendwann ihren Behälter. Und so werden sie von innen förmlich aufgefressen!

Dein Rücken spiegelt dir die Rückseite deines Lebens – alles das, was du nicht sehen willst. Es gibt irgendwas, was dich nervt, aber du änderst es nicht. Und weil du es nicht änderst, hast du Rückenprobleme. Was hast du dir aufgeladen, was hast du übernommen, wobei du dich *über*nommen hast? Dein Rücken ist so freundlich, dich über eine falsche Entscheidung zu informieren. Bedanke dich bei ihm!

In dem Moment, in dem du etwas in deinem Leben änderst und eine grundlegende Entscheidung triffst, hast du auch keine Rückenprobleme mehr!

Natürlich gibt es manchmal schmerzhafte Entscheidungen, die im Tal der Tränen wachsen. Vielleicht musst du auch mal jemandem weh tun, weil die Beziehung nicht mehr läuft. Aber: Bevor du an einer Sache kaputtgehst, musst du doch eine Entscheidung treffen: *„So will ich das nicht mehr!"* Wenn du die Situation nicht änderst, dann wird die nächste Backpfeife schlimmer, denn jetzt ignorierst du wieder ein Problem.

Der Körper spiegelt unser Bewusstsein wider. Mit der Meinung, die wir von uns selbst haben, bestimmen wir, wie gesund und schön oder wie krank und hässlich wir sind. Sobald wir unsere Denkmuster grundlegend ändern, wird unser körperliches Selbst diesem Beispiel folgen.

Niemals ist es zu spät, sein Leben bewusster in die Hand zu nehmen und mit alten Gewohnheiten zu brechen. Wenn wir unsere Probleme und Krankheiten als Chancen nutzen, um darüber nachzudenken, wie wir unser Leben ändern können, so sind wir schon einen Schritt weiter.

Nimm mal was Gutes zu dir

Machen wir uns nichts vor: ein Großteil unserer Nahrung ist verseucht – sogar unser Obst und Gemüse ist voller chemischer Rückstände. Auch in unser liebes Viehzeug wird chemisch verseuchtes Futtermittel gepumpt, und die Gifte, die sich in den Tierkörpern ablagern, landen schließlich in unseren Mägen.

Mit Medikamenten kommen wir oft vom Regen in die Traufe: Sie lösen ein Problem und schaffen fünf neue. Wo sollen sonst die Umsätze im Gesundheitswesen herkommen?

Früher wurden ätherische Öle benutzt, und jetzt hauen sie sich die schweren Geschosse in die Birne. Jeder Arzt wird dir sagen: Selbstmedikation – völlig beknackt! Natürlich muss er das sagen, denn er will ja auch von etwas leben und Geld verdienen. Bedenke: Onkel Doktor Weißkittel lebt davon, dass du krank bist. Und deshalb hat er auch ein gewisses Interesse daran, dass du krank bleibst, abgesehen von seinem hippokratischen Eid. Natürlich will ich damit nicht sagen, dass alle Ärzte bewusst böswillig handeln. Sie tun es oft in gutem Glauben, weil sie selbst Opfer einer Gehirnwäsche seitens der Pharmaindustrie geworden sind.

Kennst du den Witz von dem Mann, der zum Arzt geht und sich ein Medikament verschreiben lässt? Anschließend geht er zur Apotheke im gleichen Haus, holt sich das Medi-

kament und steckt es in den nächsten Gulli. Der Arzt beobachtet die Szene durchs Fenster und spricht den Mann bei seinem nächsten Besuch darauf an. Dieser sagt: "Nun, Sie wollen leben, der Apotheker will leben – und ich will auch leben."

Wieviel Alkohol lassen wir uns am Tag in die Birne hineinlaufen? Oder am Wochenende, wenn die Leute abends wieder vor dem Fernseher sitzen und die Biere ansaugen wie die Achtzylinder?

Nun gibt es jede Menge Diäten und Vorstellungen darüber, was „gutes" Essen und Trinken ist. Die einen sagen: *„Iss nur Fleisch"*, die anderen: *„Iss alles getrennt, das Eiweiß für sich und die Kohlenhydrate für sich, immer mit Päuschen dazwischen."* Da gibt es die Vollwertköstler, die Roh- und Urköstler. Einige stehen total darauf, nichts Gekochtes zu essen, andere finden das total ungesund. Einige sagen: *„Drei Mahlzeiten am Tag sind gut"*, andere sagen: *„Iss ruhig öfter, aber immer wenig."* Die einen sagen: *„Trink immer viel"*, die anderen: *„Trink bloß nicht zu den Mahlzeiten, da verdünnst du die Verdauungssäfte."*

Trotz aller Vielfalt der Ernährungslehren gibt es Übereinstimmungen: Vermeide Zucker, Nikotin und Alkohol, vermeide gebratenes Fett, außer du arbeitest in Sibirien an der Ölpipeline. Lade deinen Bauch nicht übermäßig voll, das macht dich dick und bräsig. Immer noch etwas Luft im Magen zu haben kann nicht schaden.

Was du isst und trinkst, musst du selber wissen. Der eine verträgt Rohkost, die andere braucht immer was Warmes.

Die chinesische Ernährungslehre fragt danach, wie die Substanzen mit deinem ganz speziellen Organismus harmonieren. Finde heraus, was für ein Typ du bist.

Pass auf, was du isst! Pass auf, was du trinkst! Pass auf, was du einatmest!

Hast du den richtigen Arzt?

Wann hast du zuletzt in einem überfüllten Wartezimmer gesessen? Immer wenn ich an einer Arztpraxis vorbeigehe, fällt mir der Witz vom Kassenpatienten ein. *„Fragt die Arzthelferin in einem völlig überfüllten Wartezimmer: ‚Kann mir jemand sagen, wo der Kassenpatient ist, der seinen Verband gewechselt haben wollte? Der ist schon gegangen, seine Wunde ist inzwischen verheilt.'"*

Gibt es für deinen Arzt ein bedingungsloses *„Ja"*? Sagst du dir: *„Mein Doktor, ein genialer Typ! Wenn ich hereinkomme und habe irgendwelche Beschwerden – der weiß sofort, was er machen muss! Ein super Typ!"*? Oder sagst du dir: *„Mein Doktor? Wir ackern hier seit acht Jahren herum, wir kommen nicht wirklich weiter, das kannst du eigentlich vergessen!"*? Wenn es für deinen Arzt kein bedingungsloses *„Ja"* gibt, dann musst du ihn wechseln!

Geh zu einem anderen Arzt, geh zum Heilpraktiker, geh zum Homöopathen, geh zum Spezialisten, mach irgend etwas anderes, unternimm irgend etwas, damit du eine Änderung herbeiführst!

Zum Arzt laufen muss oft gar nicht sein. Je besser du deinen eigenen Körper verstehst, desto weniger bist du auf Ärzte angewiesen. Dein eigener Körper ist der beste Ratgeber, wenn es um die Gesundheit geht. Du musst nur lernen, seine Stimme zu verstehen.

Na, Alterchen...

„*Es kommt nicht darauf an, wie alt man wird, sondern **wie** man alt wird.*"

(Werner Mitsch)

Älterwerden ist nicht bloß etwas, das mit uns geschieht. Es ist auch ein Kunststück. Die meisten Menschen machen sich darüber keine Gedanken. Sie wundern sich höchstens, dass sie alt geworden sind.

Wenn du alt bist und dein Körper eine Plage für dich ist – was hast du dann davon? Also schaust du, dass du alt wirst und fit bleibst. Der Unterschied zwischen numerischem Alter und biologischem Alter kann beträchtlich sein. 58 Jahre alt sein und wie 45 aussehen – das schaffen heute immer mehr Menschen. Du bist einfach jung im Kopf, und wer jung im Kopf ist, der bleibt auch jünger im Körper.

Die meisten Menschen halten an ihren vergangenen schlechten Erfahrungen fest und verschaffen sich auf diese Weise mehr davon. Niemand zwingt dich, es ihnen gleich zu tun.

 Wenn wir die Vorstellung loslassen, wir könnten uns ab einem bestimmten Alter nicht mehr verändern, dann öffnen sich viele Türen, die wir vorher nicht einmal wahrgenommen haben. Als junger Mensch kämpfst du ständig mit der Frage, wer du bist; als alter Mensch weißt du es – und kannst von diesem Wissen profitieren.

Natürlich solltest du damit nicht erst anfangen, wenn du mit Bluthochdruck, Krebs oder Gicht, Herzinfarkt oder

Schlaganfall im Krankenhaus liegst. Warum willst du dich einem System opfern, das dich als Beute braucht, um nicht an Hunger zu sterben?

Dein Körper gehört schließlich dir. Wie sagt es unser Grundgesetz so schön: *Eigentum verpflichtet.* Du darfst also auch schon *vor* dem Erreichen der Altersgrenze etwas tun, das deiner Existenz eine höhere Nachhaltigkeit verleiht.

Bewegst du dich auch schön?

Wenn du jung und gesund bleiben willst, hilft viel Bewegung, wenig Stress und gute Ernährung. Damit kannst du hundert werden. Durch Bewegung sorgst du dafür, dass alle Zellen deines Körpers dynamisch bleiben und dein Nervensystem gut mit Energie versorgt wird. Seit wir durch die Steppe traben, sind wir auf Bewegung programmiert. Wer sich nicht anständig bewegt, kriegt nun mal die Rechnung dafür. Für die Verrottung deines Körpers musst du nichts tun, die passiert von ganz allein.

Also tu was. Beweg deinen Arsch! Egal, ob du pro Woche ein paar Stunden Fahrrad fährst oder spazieren gehst, ob du Weltmeister im tantrischen Yoga wirst oder Bergsteiger am Matterhorn.

Wenn du nur die beste Biokost futterst und ansonsten einen auf Faultier machst – dann stirbst du trotzdem statistisch gesehen sieben Jahre früher als ein Hobbysportler.

„Sport ist Mord." Was für eine selbstmörderische Behauptung. Selbst als Halbleiche kannst du noch vom Sport profitieren und dein Herz-Kreislauf-System auf Trab bringen. Du musst ja nicht gleich übertreiben oder zum Doping-Athleten werden.

Für einen Gelähmten heißt Sportmachen schon, dass er lernt, seinen kleinen Finger zu bewegen. Welche Teile deines Körpers danach schreien, trainiert zu werden, weiß dein Körper am besten. Frag ihn einfach! Dein Körper lügt nicht, das kann er gar nicht.

Wenn du dich wenigstens eine Stunde am Tag bewegst, wirst du sehen:
☺ Dein Kurzzeitgedächtnis wird besser!
☺ Dein Immunsystem wird stärker!
☺ Die Menschen reagieren freundlicher auf dich!
☺ Deine Nervosität und deine Ängste nehmen ab!
☺ Du wirst schlanker und attraktiver!

Heute schon gelacht?

Wer lacht, produziert Glückshormone, Endorphine! Das ist eine legale Droge, die hat jeder! Also jeder trägt ein kleines „Kokain-Kästchen" mit sich herum. Wenn du anfängst zu lachen, geht der Deckel auf, und das ganze Zeug kommt heraus. Davon kannst du so viel nehmen, wie du willst – es ist erlaubt! Lachen wirkt wie ein Tranquilizer, aber ohne Nebenwirkungen.

Der Durchschnittsmensch lacht zirka zwanzig Mal am Tag. Kinder lachen in der Regel zehn bis zwanzig Mal mehr. Verschiedene Studien besagen, dass vor vierzig Jahren drei Mal mehr gelacht wurde als heute. Vielleicht liegt das an der epidemischen Ausbreitung von Depressionen. Depressive Menschen lachen nämlich kaum.

Wenn du davon überzeugt bist, dass du im Leben nichts zu lachen hast, dann wird das Leben dich davon überzeugen, dass du recht hast. Wer zu weinen gelernt hat, wird noch viel zu weinen haben, und wer zu lachen gelernt hat, wird noch viel zu lachen haben. Der große Schauspieler Sir Peter Ustinov nannte das Lachen einmal *„die zivilisierteste Form des menschlichen Geräuschs"*. Daher machst du nichts verkehrt, wenn du öfters mal die Zähne zum Trocknen raus hältst.

Was passiert mit unserem Körper, wenn wir lachen? Lachen trainiert Herz, Lunge, Zwerchfell und andere lebenswichtige Organe. Die Endorphinausschüttung versorgt das Gehirn mit mehr Sauerstoff. Das Zwerchfell massiert durch seine rhythmischen Bewegungen die inneren Organe, das bringt wiederum die Verdauung auf Trab. Nach jedem Lachanfall ist das Immunsystem automatisch stärker – und die Stimmung automatisch besser.

Wenn du nichts zu lachen hast, dann solltest du erst recht lachen. *„Wir stehen am Abgrund, aber bald sind wir einen Schritt weiter."* Manchmal genügt ein winziger Anlass, um das Fass der negativen Gefühle zum Überlaufen zu bringen – und schon verwandelt sich das, was eben noch Trauer, Frust und Anspannung war, in ein herzliches Lachen. Lachen ist wie ein Transformator oft ohne, dass wir etwas dazu getan haben. Kennst du das?

Neulich habe ich mal eine Firma beraten, die kurz vor'm Bankrott stand. Einmal war ich Zeuge einer Situation, in der die Mitarbeiter über irgendeinen Witz gelacht haben. Da sagte der Chef: „Ach, Sie haben die Schwere der Zeit noch nicht erkannt! Sie können noch lachen." Wenn wir nicht mehr lachen können, dann ist es ziemlich schlimm! Auf einer Veranstaltung in Hannover sagte mal einer in den

Saal: „Es geht mir so gut, mir scheint die Sonne aus dem Hintern!" Da wäre ich vor Lachen fast erstickt.

Wenn du mehr lachen willst und nicht weißt, wie das geht, dann schau dich mal um, ob es bei dir in der Nähe einen Club für Lachyoga gibt. Dort werden Atem-, Dehn- und Streckübungen eingesetzt, um künstliches Lachen zu stimulieren, das sich automatisch in ein echtes Lachen verwandelt. Egal, wie witzig du das findest – es funktioniert.

Das Kraftwerk in dir

Jeder Gedanke, jeder Atemzug, jede körperliche Bewegung benötigt und verbraucht Energie. Grobstofflich lässt sich diese Energie als Kalorienverbrauch oder -zufuhr messen, feinstofflich ist es eine Lebensenergie, welche die Chinesen *Chi* und die Inder *Prana* nennen. Wie frei diese Lebensenergie in dir zirkuliert oder wie blockiert sie ist, entscheidet über dein Wohlbefinden.

Es gibt Zeiten im Leben, da strotzt du vor Kraft und kannst andere mit deiner Energie anstecken, und andere Zeiten, da fegt dich der leiseste Windhauch davon. Dann hast du mehr Energie gegeben als bekommen.

Wenn du dauerhaft mehr Energie verausgabst als du in dich aufnimmst, entstehen Krankheiten aufgrund von Störungen der bioenergetischen Ströme in deinem Körper.

Manche Menschen sind Energiesauger und ziehen ständig aus ihrer Umgebung Energie ab, indem sie jammern und klagen. Wenn du solchen Menschen Aufmerksamkeit schenkst, achte darauf, dass du ihnen nur soviel gibst, wie du auch entbehren kannst. Du kannst andere nur füttern, wenn du selbst nicht hungrig bist.

Die eigenen Batterien aufzuladen – da gibt es viele Wege und keinen Königsweg. Die einen gehen wandern, die anderen machen Kampfsport, wieder andere ziehen sich ins Kloster zurück, machen Yoga oder wühlen in der Gartenerde. Das Kraftwerk in dir weiß genau, welchen Treibstoff es braucht, um auf Touren zu kommen. Du musst nur auf „Empfang" schalten, schon ist die Botschaft da, welcher Weg der richtige ist. Wo immer du stehst, sitzt oder liegst – das Kraftwerk in dir wird anspringen.

12 Was machst du als nächstes?

Kopf hoch!

Götz George hat vor einiger Zeit in einem Interview gesagt: *"Wenn du von dir selbst nicht überzeugt bist, brauchst du nicht auf die Bühne zu gehen!"* Das gilt für uns alle! Wenn du morgens aus dem Haus gehst, betrittst du eine Bühne, und du wirst von Leuten beobachtet, von denen du gar nicht ahnst, dass sie dich beobachten. Das ist einer der Gründe, warum ich sage: *"Du wirst deine Ziele und Wünsche erreichen auf Wegen, die du nicht erahnst, weil du nicht weißt, wer dich alles beobachtet – weil eben unser Gehirn Sender und Empfänger zugleich ist!"* Jetzt sagen immer viele: *"Ja, das ist ja alles schön und gut, und das mag ja auch alles sein, dass man im Leben so viel machen kann, aber ich weiß nicht,* **wie** *ich das mache!"*

Das ist eine Scheinfrage, mit der du dich selbst davon abhalten willst, den ersten Schritt zu tun. In Wirklichkeit traust du dich nur nicht, mehr aus deinem Leben zu machen, weil es dir an Selbstbewusstsein fehlt. Du hältst an vergangenen Niederlagen fest. Willst du das? Dann wundere dich nicht, wenn nichts passiert.

Wenn du sie loslassen willst, bediene dich des Als-Ob-Prinzips: Spiele den Selbstbewussten. Hundertprozentig wirst du wesentlich mehr erreichen als zuvor.

Wenn du kräftigen Schrittes, erhobenen Hauptes, gut gekleidet und frisch rasiert durch die Straßen läufst, merken die anderen Menschen, dass man dich nicht herumschubsen kann weil du eine besondere Ausstrahlung und ein besonderes Auftreten hast und weil du an dich glaubst und trotz aller Niederlagen deinen Stolz nicht verraten hast.

Bloß nicht schwächeln!

Oft scheint die Energie, die wir in eine Sache stecken, nutzlos zu versickern. Die Veränderung ist schon da, aber man kann sie nicht sehen – wie beim Wasser kurz vor'm Siedepunkt. Erst wenn wir noch weitere Energie hineinstecken, erfolgt die Transformation.

Deshalb ist es wichtig, nicht vorschnell das Vertrauen in eine Sache aufzugeben. Besser ist es, sich auf einen langen Weg und viele Schwierigkeiten einzustellen. Wer nichts aushält, hält auch nichts durch.

Camilla Parker Bowles hatte ein Ziel – und es hat 35 Jahre gedauert, bis sie es erreicht hat. Erst dann hat sie ihr Prinzchen bekommen! Sie wusste immer, was sie wollte. Camilla hatte auch Schwierigkeiten, und sie hat gesagt: „Alles klar, ich werde mein Prinzchen bekommen!" Und sie hat ihn auch bekommen! Ich kann mir vorstellen, wie sich der Königin der Magen herumdreht, und Camilla wird denken: „Pass mal auf, mach mal noch ein paar Jahre, und dann komm ich!" Wer weiß, vielleicht wird sie ja noch Königin von England…

Beim einen geht es sehr schnell, beim anderen eben etwas langsamer – aber es trifft am Ende ein!

Weißt du, wie die Kinder laufen lernen? Indem sie immer und immer wieder hinfallen. Aber sie geben nicht auf, weil sie ein Ziel haben. Sie wollen unbedingt laufen lernen. Warum sollte es später im Leben anders sein? Der größte Erfolg besteht nicht darin, nie zu fallen, sondern darin, nach jedem Fall wieder aufzustehen.

Wenn du ein Ziel hast, gib um's Verrecken nicht auf. Natürlich kann man sich in eine Sache verrennen. Aber meist geht es nicht um diese eine bestimmte Sache, sondern um den Wert dahinter. Wenn es dieses nicht ist, ist es etwas anderes. Was bleibt, ist deine Zuversicht und dein Glauben an die Macht der Gedanken.

Lächeln! Lächeln! Lächeln!

„Wer nicht lächelt, braucht seinen Laden morgens gar nicht erst aufschließen", sagt ein chinesisches Sprichwort. Manche Leute laufen ständig mit einem langen Gesicht herum. Was passiert da mit dem Gesicht? Man gibt seinem Gehirn einen Befehl: *„Backen fallen lassen!"* Nun sorgen 44 Muskeln im Gesicht dafür, dass die Lefzen nach unten fallen. Was in die eine Richtung geht, geht aber auch in die andere. Du kannst deinem Gesicht auch sagen: *„Lächeln!"* – und schon schieben diese 44 Muskeln nach oben.

Meine Devise: *„Halt doch öfters mal die Zähne zum Trocknen raus."* Das tut nicht nur den Zähnen gut, sondern vor allem dir. Wenn du andere Menschen anlächelst, lächeln die zurück – mal ebenso verstohlen wie du, manchmal etwas offener, mitunter noch vorsichtiger. Oder sie zwingen sich, dich richtig fies anzuschauen. Das kann auch rührend oder lustig sein.

Wir hier in den „entwickelten" Ländern laufen alle mit einem langen Gesicht herum. Da fragt man sich doch: In welcher Hinsicht haben wir unser menschliches Potenzial entwickelt? Wie wollen wir da im Leben etwas Tolles erreichen?

Nehmen wir uns ein Vorbild an den Asiaten! Die wissen noch, was Freundlichkeit bewirken kann und wie heilsam es ist, dem anderen seine schöne Seite zu zeigen. Wenn du mit einem Lächeln in die Welt hinausgehst, wirst du es wie von allein in dein Leben ziehen. Oder, wie es das Sprichwort sagt: *„Ein Tag ohne Lachen ist ein verlorener Tag."*

Ob du lächelst oder nicht, das musst du nicht von anderen abhängig machen. Schenk dem Griesgram von nebenan oder in der U-Bahn auch mal ein Lächeln. Selbst wenn er das gar nicht witzig findet – dir selbst hilft es, gute Laune zu behalten.

Lächeln nannte der Schauspieler Heinz Rühmann einmal das „Kleingeld des Glücks". Wenn du die großen Scheine ergattern willst, fang doch schon mal mit den kleinen Münzen an!

Sei doch mal ehrlich!

Weißt du, was den Reiseveranstaltern im Jahr an Millionen flöten geht, weil es immer wieder Leute gibt, die goldene Hähne abdrehen, Bademäntel und Fußmatten klauen? Und dann wundern sich einige, wenn sie im Leben eine Schelle zurück bekommen! Das ist doch klar! Wenn ich klauend durchs Leben gehe, dann bekomme ich das wieder zurück – gemäß dem Gesetz der Resonanz! Du musst doch nur mal gucken: Bei wem wird im Keller eingebrochen? Wem wird das Auto zerkratzt? Bei wem steigen sie in die Wohnung rein? Das sind selbst Leute, die auch gerne mal schummeln. Einige werden sagen: *„Hausratversicherung? Ich weiß gar nicht, wo die Police ist. Ich habe da gar keine Ahnung von! Ich weiß gar nicht, was ich machen müsste, wenn mir einer den Keller knackt."* Andere haben das schon bereitliegen, die haben schon drei, vier Formulare bereitliegen für den nächsten Fall.

Da, wo am meisten Fenster verbarrikadiert sind, und Häuser, wo drei Pitbulls im Garten liegen – was meinst du, wo eingebrochen wird? Genau da! Ich glaube, in meiner Wohnung würden die weinend wieder raus laufen und würden sagen: *„Leg mal einen Euro hin, die arme Sau hat nichts zu Essen!"* Da geht gar keiner rein! Ich müsste gar nicht abschließen – bei mir ist sowieso nichts zu holen, und wenn doch? Mein Gott! Besitz belastet! Leute, die viel besitzen, haben immer Angst, dass ihnen jemand etwas weg nimmt! Meine Mutter hat immer gesagt: *„Ich kann nur auf **einem** Stuhl sitzen, und ich kann nur in **einem** Bett schlafen!"* Stimmt!

Egal, ob du einen Euro wegnimmst oder eine Bank leer machst – wenn du andere bestiehlst, ziehst du auch Diebe an, die dich bestehlen. Denn du schaffst und stärkst das Energiefeld der Unehrlichkeit. Etwas aktiv zu tun ist nur eine Seite der Medaille – die andere heißt: es passiv zu erleiden.

Bleib immer sauber!

Wenn es darum geht, Versprechungen einzulösen und sich für etwas zu engagieren, erweisen sich die meisten Menschen als Waschlappen. *„Es klaffen die großen Spalten zwischen*

Versprechen und Halten." Sie versprechen, dir einen Gefallen zu tun, und dann fahren sie am Wochenende weg. Sie versprechen, ihre Rechnungen zu bezahlen, und warten darauf, dass du ihnen den Gerichtsvollzieher schickst. Dann fragen sie sich, warum es in ihrem Leben nicht gut läuft.

Lasse dich um alles in der Welt nur auf Versprechen ein, von denen du weißt, dass du sie halten kannst. Das ist vor allem wichtig für dich selbst und deine eigene Entwicklung. Denn wenn die anderen dich nicht für glaubwürdig halten, dann hältst du dich selbst auch nicht für glaubwürdig. Dann glaubst du dir nicht die Ziele, die du dir setzt – und erreichst sie auch nicht. Denn hinter dem schwachen Gedanken *„ich will"* stand ein anderer starker Gedanke: *„Ich kann aber nicht."*

Versprich lieber weniger als mehr. Vielen fällt das schwer, weil sie ihrem Gegenüber im Moment einen Gefallen tun wollen – und Worte kosten ja erst einmal nichts. Aber sie haben Folgen, die du später ausbaden musst.

Wenn du etwas versprichst, dann tue es auch.

Komm bloß pünktlich!

Im Herbst 2005 wurde in der Nähe meines Seminarorts bei Potsdam eine Bombe gefunden und entschärft. Einige Seminarteilnehmer kamen deshalb zu spät. Denkst du, einer von denen hätte an diesem Morgen gedacht: „Frank Wilde ist nicht da!"? Wenn Wilde sagt: „Das Seminar geht um zehn Uhr los!", dann ist er auch um zehn Uhr da! Ich hätte ja auch sagen können: „Wissen Sie, ich wollte ja gerne kommen, aber die Umstände haben mich dazu gezwungen, und es ging nicht!"

Wenn ich also weiß, dass so etwas passiert ist, dann muss ich mal flinke Füße machen und ein bisschen früher losfahren! Wenn November ist, wissen wir ganz genau: Es kann irgendwann jetzt passieren, dass Schnee einsetzt. Es ist Winter – und keiner hat Bescheid gesagt! Also mache ich doch – irgendwann im Oktober oder November – mal Winterreifen aufs Auto, oder? Ich weiß nicht, wie viele Unfälle wieder passieren werden, weil die Leute, wenn auf der Autobahn wieder hoch Schnee liegt, mit Sommerreifen spazieren fahren. Und dann haben wir wieder die fetten Staus auf den Autobahnen. Und dann sagst du zu deinem Chef: *„Wissen Sie, ich wollte ja kommen, aber... aber die Umstände, wissen Sie, das... das ging ja alles nicht, das waren wieder die anderen!"* Das sind nicht die anderen!

Weißt du, was passiert, wenn du nicht pünktlich bist? Dann fängt es für alle später an, und vor allem: Deine Ziele kommen auch später dran.

Zieh dich gut an!

Man kann gar nicht gut genug aussehen. Sieh dir die Menschen um dich herum einfach einmal bewusst an! Einige sehen ganz lecker aus, und bei einigen fragst du dich: *„Wie? Haben die sich selbst so angezogen?"* Wenn du aus dem Haus gehst, betrittst du immer eine Bühne! Wenn jemand auf einer Bühne steht – was machst du die ganze Zeit? Du guckst die Person auf der Bühne an! Du suchst irgendwas, was nicht passt und was nicht stimmig ist. Oder du suchst ein Detail, das dir besonders gefällt.

Wenn du an einen Firmenboss herankommen willst, an wem musst du dann vorbei? An der Sekretärin! Worauf achten die Frauen ganz genau? Frauen gucken dir immer auf die Hände, dann auf die Zähne und dann auf die Schuhe! Wenn die Schuhe nicht gepflegt sind, dann kannst du wieder nach Hause fahren!

Alles hängt mit allem zusammen: Die Art, wie du dich kleidest, verändert die Art, wie du gehst. Wie du gehst, verändert die Art, wie du sprichst. Wie du sprichst, verändert deine Gefühle. Wie du dich fühlst, verändert die Art, wie du von anderen wahrgenommen wirst.

Wenn du dich selbst nicht in Ordnung hältst, wie willst du dann andere Sachen in Ordnung halten? Wenn du dich selbst nicht im Griff hast, wie willst du dann andere im Griff haben, geschweige denn als Führungskraft führen oder eine Ansage machen? Die Sorgfalt, die du auf dich verwendest, verwendest du auch auf andere. Wenn du öfters mal in den Spiegel schaust und deiner Schönheit eine Chance gibst, wird sie größer werden und dein Erfolg ebenfalls.

Cool bleiben!

Es gibt heute keinen Flug mehr – na und? Wenn ich die Morgenmaschine nehme, komme ich eine Stunde später zum Termin. Ich stehe seit zwanzig Minuten im Stau – na und? In der Zeit der Handys ist das kein wirkliches Problem. Ich rufe an und gebe Bescheid, dass ich im Stau stehe oder etwas anderes dazwischen gekommen ist. Vielleicht lässt sich der Termin auch etwas verschieben. Auf diese Weise lasse ich den anderen nicht ungeduldig warten. Dann schiebe ich mir ein Hörbuch rein und lasse mich inspirieren von großen Dichtern und Denkern. Ich akzeptiere den Ist-Zustand, die Situation, in der ich stecke und versuche gleichzeitig, das beste daraus zu machen.

Gelassenheit ist die Fähigkeit, vor allem in schwierigen Situationen eine unvoreingenommene Haltung zu bewahren. Durch Gelassenheit zeigst du anderen, dass du nicht von ihren Handlungen abhängig bist. Da reagierst du nicht auf irgendwelche Situationen, sondern lässt dich durch eine Situation zu einer Aktion inspirieren.

Mit siebzehn lebte ich vorübergehend im Heim. Auf einer Wiese in der Nähe spielten wir öfters Fußball und dabei schauten uns ab und zu auch die Mädchen aus einem benachbarten Heim zu. Hinterher gab es das eine oder andere Techtelmechtel in einem Bunker nebenan, der durch einen Belüftungsschacht zugänglich war. Offiziell wurde dieser als Reifenlager genutzt. Als ich mich einmal mit einem Mädchen dahin zurückgezogen hatte, hob ich aus lauter Übermut den Hörer von dem Telefon ab, das mitten im Raum auf einem improvisierten Schreibtisch stand, und legte sofort wieder auf.
Bei dem Besitzer, der seinen Laden gegenüber hatte, ertönte nun ein Klingeln, das ihm verdächtig vorkam, und ihn dazu veranlasste, die Polizei anzurufen. Wenige Minuten später betraten zwei Beamte den Bunker. Mitten in der wildesten Fummelei hörte ich einen lauten Befehl: „Hier ist die Polizei. Ergeben Sie sich!" Mit erhobenen Hände kroch ich nur mit einem Fußballtrikot bekleidet hinter den Reifen hervor und blickte in den Lauf eines Polizeirevolvers. Doch ich blieb ganz ruhig und sagte nur mit erhobenen Händen: „Sie können Ihre Waffe herunter nehmen." „Was machen Sie hier?" „Wir wollten uns nur küssen." In diesem Moment schaute mein Mädchen verschreckt hinter einem Regal hervor. Die Beamten grinsten sich an, senkten die

Waffe und führten uns aus dem Raum zu dem Besitzer. Der fand die Geschichte ebenso amüsant und verzichtete auf eine Anzeige. Nicht mal die Heimleitung bekam Wind von der Sache.

Sag einfach Danke!

Gedanken – steckt da nicht der Dank schon drin? Etymologisch ist das nachgewiesen. Dank – *das in gedenkender Gesinnung sich äußernde Gefühl.*

Dankbarkeit ist die Kraft, durch die du immer mehr von dem bekommst, wofür du dankbar bist. Weshalb? Weil du es würdigst, weil du durch Dankbarkeit die Botschaft aussendest: *„Toll, dass es diese Sache, diesen Menschen, diese Qualität gibt."* Wenn du einem Menschen gegenüber Dankbarkeit empfindest und auch zeigst, weil dieser Mensch so großzügig, liebevoll und unterstützend ist, dann wird dieser Mensch motiviert sein, mehr davon zu geben.

Wie wichtig die Dankbarkeit ist, merkst du vor allem daran, wie es sich anfühlt, keine Dankbarkeit zu spüren. Dann wird alles, was du bekommen hast, sich schal anfühlen, du wirst es nicht genießen können und nur die Fehler und Nachteile darin sehen.

Wer dankbar ist, der lobt. Aber stell dir mal vor, wie das ist, wenn du tolle Bücher gelesen hast, wenn du tolle Freunde hast, dich toll unterhalten kannst, in deinem Job erfolgreich bist, anderen Menschen etwas geben kannst! Wann kam mal jemand von den jungen Leuten zu dir und hat gesagt: *„Ich war bei Ihnen in der Firma und habe unheimlich viel gelernt. Mensch, klasse, dass Sie mir das alles beigebracht haben. Ich hätte das gar nicht alleine gekonnt, aber Sie* *haben mir unheimlich viel gezeigt. Ich möchte mich bei Ihnen mal bedanken!"* Das geht runter wie Öl!

Sei einfach freundlich!

Was für einen Grund hast du, zu irgend jemandem unfreundlich zu sein? Warte nicht erst ab, ob jemand freundlich zu dir ist – sei von dir aus freundlich. *„Freundlichkeit ist eine der wichtigsten Voraussetzungen für den beruflichen Erfolg"*, meint der Stockholmer Professor Stefan Einhorn. Viele Menschen machen den Fehler, Freundlichkeit mit Schwäche zu verwechseln. Dabei sind Menschen, die sich als aggressive Rambos mit ihren Ellbogen durch die Welt boxen, innerlich oft viel schwächer als Menschen, die sich freundlich für ihre Ziele einsetzen. Tyrannen sind meist auch nicht glücklich, denn Glück entsteht eher durch gute Beziehungen zu anderen und durch sinnvolle Aufgaben.

Das Chef-Ekel hat keine Zukunft. In Schweden ergab sich bei einer Studie, dass Firmen, in denen die Angestellten gut behandelt werden und am Erfolg der Firma auch finanziell teilhaben, drei Mal so erfolgreich sind wie Unternehmen, in denen keine Rücksicht auf die Bedürfnisse der Mitarbeiter genommen wird.

Freundlichkeit wirkt ansteckend!

Gib mit Freude!

Wenn du dich auf deine Macht besinnst, wirst du mächtiger. Du kannst damit vieles erreichen, wovon du bisher nicht einmal zu träumen wagtest. Du kannst diese Macht aber auch verwenden, um andere Menschen zu manipulieren und dir dadurch unbewusst selbst zu schaden – denn jede Manipulation führt auf Dauer zu sozialen Konflikten, die eines Tages unweigerlich in deinem Leben einschlagen.

Du kannst deine Macht aber auch zum Wohle der Welt einsetzen, indem du dir bewusst machst, dass du damit etwas von dem an die Gesellschaft zurück gibst, was du von ihr empfangen hast. In den USA hat die soziologische Forschung ergeben, dass die Menschen, die sich am meisten für egoistische Werte wie Karriere und Selbstverwirklichung einsetzen, auch zugleich die sind, die Zeit und Geld in karitative oder gesellschaftspolitische Projekte investieren. Auch hier in Deutschland wächst die Zahl der Besserverdiener und Vermögensinhaber, die ihrer gesellschaftlichen Verantwortung nicht länger ausweichen wollen.

Egoistische und altruistische Motive schließen sich also keinesfalls aus. Denn es gibt einen klugen und einen dummen Egoismus. Der dumme Egoismus funktioniert nur auf Kosten anderer. Der kluge Egoist hingegen sagt sich: Wenn es dem anderen gut geht, geht es auch mir gut. Damit es mir gut geht, muss es den anderen auch gut gehen. Geben ist Dank in Aktion.

Wer sich da verweigert, dem ist nicht zu helfen. Denn hast du schon mal einen glücklichen, undankbaren Menschen gesehen?

So, und nun beweg deinen Arsch und mach das beste aus deinem Leben, denn ich will stolz auf dich sein.

Der *wilde Frank*

Wie wild ist der Frank?

Der Erfolgstrainer Frank Wilde wurde 1961 in Hamburg geboren.

Er ist seit 1989 Coach und inzwischen einer der gefragtesten Keynote-Speaker - nicht nur im deutschsprachigen Raum, sondern auch weltweit durch seine zahlreichen Auslandsreisen auf Kreuzfahrtschiffen.

Diese vielen Auslandserfahrungen haben ihn seit 1997 sehr geprägt und er bringt diese Eindrücke gekonnt in seinen Vorträgen und Seminaren hervor. Dieses ist inzwischen Bundesministern, Handels- und Handwerkskammern aufgefallen und natürlich auch der deutschen Wirtschaft, für die er tätig ist.

Er vermittelt mentales Wissen auf eine verblüffend einfache Art und Weise und gilt inzwischen als der bekannteste und wohl außergewöhnlichste Erfolgs- und Mentaltrainer in der Bundesrepublik Deutschland. Zudem kümmert er sich um die Befindlichkeiten der deutschen Sport- und Wirtschaftselite schrieb „Financial Times Deutschland".

In den Medien ist er sehr oft zu Gast bei SAT 1, N24 und RTL. BILD meinte, er wäre ein Mann mit Köpfchen.

Besuchen Sie Frank Wilde auch im Internet unter: ***www.frankwilde.de***

Literaturverzeichnis

Diesen Autoren habe ich viele wertvolle Anregungen zu verdanken:

1) Dieter Bohlen: *Nichts als die Wahrheit*, Heyne 2003
2) Paulo Coelho: *Der Alchimist*, Diogenes 2004
3) Thorwald Dethlefsen: *Krankheit als Weg*, Goldmann 2000
4) Thorwald Dethlefsen: *Schicksal als Chance*, Goldmann 2000
5) René Egli: *Das LoLa-Prinzip oder Die Vollkommenheit der Welt*, Editions d'Olt 1999
6) Grazyna Forsar, Franz Bludorf: *Zaubergesang Frequenzen zur Wetter und Gedankenkontrolle*, Argo-Verlag 2002
7) Silke Foth: *Erfolgsrituale für Business-Hexen*, Orell Füssli 2004
8) Jan van Helsing: *Hände weg von diesem Buch!*, Amadeus-Verlag 2004
9) Maria Hof-Glatz: *Wie küsse ich einen Haifisch, wenn er bellt?*, Orell Füssli 2002
10) Louise L. Hay: *Gesundheit für Körper und Seele*, Heyne 1989
11) Louise L. Hay: *Wahre Kraft kommt von innen*, Ullstein 2005
12) MVG 2002
13) Raymond Moody: *Leben nach dem Tod*, Rowohlt 2004
14) Desmond Morris: *Der nackte Affe*, Droemer-Knaur 1968
15) James Redfield: *Die Prophezeiungen von Celestine*, Heyne 1998
16) Wikipedia

Jammern füllt keine Kammern!

Audio-CD – **15,00** €

ISBN 3-00-019348-0

Pass auf, was Du denkst!
Audio-CD – **15,00 €**

ISBN 3-00-017003-0

Mentale Übungen

Audio-CD – **10,00** €

ISBN 3-00-017004-9

BEWEG DEINEN ARSCH JETZT

Das Hörbuch von Frank Wilde – **29,80 €**

ISBN 978-3-9813627-1-8

gehört gelesen aufgeschnappt

Das Buch von Frank Wilde – **6,95 €**

ISBN 978-3-9813627-3-2

1964: Die eineiigen Zwillinge Frank und Mario.
Wer ist wer? Das weiß nur die Mutter.

1971: Frank und Mario auf der Marienbrücke
vor dem Schloss Neuschwanstein in Bayern

September 1975:
Auf dem Hubertushof in Rettenberg im Allgäu erlebten Frank und Mario die glücklichsten sechs Wochen ihrer Kindheit

23. Dezember 1978: Frank kam nach der überstandenen Nacht im Gefängnis „Hütten" in das Jugendheim Winterhuder Weg in Hamburg und lebte hier bis zum 24. September 1979

22. Dezember 1978: Frank ging durch diese Tür für eine Nacht ins Gefängnis „Hütten" in Hamburg

17. Juni 1993: Frank trifft Dieter Bohlen
beim ZDF im Studio der Berliner Union Film in Berlin

1999: AIDA Clubchef Ernie Noelle
und Frank am Cruise Ship Terminal von Palma de Mallorca

November 1999: Frank zu Besuch bei Kapitän
Dr. Friedhold Hoppert auf der Brücke der AIDAcara

1999: Frank und Bundesaußenminister a.D. Hans-Dietrich Genscher auf der
Dachterrasse und Kuppel des Reichstagsgebäudes vom Deutschen Bundestag in Berlin

2001: Frank und Uwe Bornemeier, SAT 1
Fußballmoderator von „ran", beim Interview

22.03.2002: Frank Wilde und Weltstar Chris Andrews als Gastkünstler
gemeinsam auf dem Kreuzfahrtschiff MS EUROPA in Walvis Bay, Namibia

07. Mai 2004: Clubchef Birdy (Reinhard Pelikan)
mit Frank an der AIDA Bar der AIDAcara

15. Juli 2004: Sabine Christiansen und
Frank als Speaker im Hotel „Bayerischer Hof" in München

15. August 2004: Frank macht Figur im Robinson Select Maris

13. September 2004: Frank trainiert die
Bundesliga Damenmannschaft im Volleyball des Dresdner SC

08. November 2004:
Motorsport am Eurospeedway Lausitz, Fahrerbetreuung durch Frank

08. November 2004:
Frank beim Einzelcoaching des Fahrers Jens am Eurospeedway Lausitz

April 2005: Frank kommt an dem Mietshaus in der Caffamacherreihe in Hamburg vorbei, in dem er von 1969 bis 1975 als Kind lebte

28. April 2005: Robinson Club Cala Serena – Frank Wilde, Thomas Koschwitz und Skisprung-Bundestrainer Peter Rohwein gemeinsam als Speaker

05. Juli 2006: Frank als Experte für die Fußball WM 2006 live im Studio von N24 in Berlin. Frank erklärt die Vorzüge von Jürgen Klinsmann während der WM

05. Juli 2006: Frank als Experte für die Fußball WM 2006 live im Studio von N24 in Berlin

05. Juli 2006: Frank als Experte für die Fußball WM 2006 live im Studio von N24 in Berlin

11. Juli 2006: Frank als Experte für die Fußball WM 2006 live im Studio von N24 in Berlin. Frank schätzt die Vorteile für die Kanzlerin Angela Merkel nach der WM ein

09. Juli 2006: Fußball WM, Frank beim Public Viewing
auf der Fanmeile „Straße des 17. Juni" am Brandenburger Tor, Berlin

07. Oktober 2006: Frank bekommt eine halbe Seite in BILD über seine
hervorragende Arbeit als der erste Motivationstrainer überhaupt an deutschen Schulen

08. Dezember 2007: Frank Wilde und Bundesministerin Frau Dr. Ursula von der Leyen gemeinsam beim Benefiz-Keksverkauf von Bild, Bahlsen und Hit-Radio-Antenne in Hannover

08. Dezember 2007: Frank hilft beim Benefiz-Keksverkauf von Bild, Bahlsen und Hit-Radio-Antenne in Hannover

Dr. Ursula von der Leyen
Bundesministerin

Herrn
Frank Wilde
Wilde&Wilde GmbH
Winterfeldtstraße 78
10781 Berlin

HAUSANSCHRIFT Alexanderstraße 3, 10178 Berlin
POSTANSCHRIFT 11018 Berlin

TEL +49 (0)30 20655-1000
FAX +49 (0)30 20655-4100

INTERNET http://www.bmfsfj.de

ORT, DATUM Berlin, den 18 JAN 2008

Sehr geehrter Herr Wilde,

haben Sie vielen Dank für die schnelle Übersendung Ihres Buches.
So einfach und einleuchtend viele Botschaften in Ihrem Buch sind, so schwer ist es manchmal, danach zu leben. Doch nur wer sich selbst bewegt, kann auch etwas bewegen – das ist eine Ihrer Kernbotschaften. Leider fehlt vielen Jugendlichen der innere Antrieb dazu.

Ich habe mich daher sehr gefreut zu lesen, dass Sie Ihre Botschaften aktiv zu den Jugendlichen tragen, wo Hilfe und Motivation besonders nötig sind – in Hauptschulen in sozialen Brennpunkten. Wenn es uns gelingt, diesen Jugendlichen mehr Selbstvertrauen zu geben, den Glauben an sich selbst zu stärken, dann werden diese Jugendlichen stark. Stark, sich in der Gesellschaft einzubringen.

Ich wünsche Ihnen bei Ihrer weiteren Arbeit viel Erfolg und hoffe, dass Sie sich weiterhin tatkräftig für Jugendliche einsetzen.

Mit freundlichen Grüßen

Brief vom 18. Januar 2008: Frank freut sich sehr über die Anerkennung durch Bundesministerin Frau Dr. Ursula von der Leyen, die sich mit ihrem Schreiben persönlich für seine Arbeit in Schulen bedankt

19. Januar 2008: Frank vor der Willy-Brandt-Skulptur im Willy-Brandt-Haus in Berlin

19. Januar 2008: Frank bereitet sich auf seinen Vortrag im Willy-Brandt-Haus in Berlin vor

März 2008: Frank trainiert die Schüler einer Hauptschule in Zwickau

25. März 2008: Faxen machen auf der Seefelder Rosshütte, Tirol

26. Mai 2008: Frank entdeckt seinen Bestseller
in einer Thalia Buchhandlung in Hamburg

30. Mai 2008: Blick auf die noch leeren Stühle
und den Bühnenaufbau der sich bald füllenden Leipzig Arena

30. Mai 2008:
Vorgespräch vor dem Großereignis in der Leipzig Arena

31. Mai 2008: 1.200 begeisterte Musikschüler
lauschen in der Leipzig Arena dem Powerday von Frank Wilde

2008: Frank Wilde und Prof. Dr. Helmut Thoma
als Speaker auf einem Kongress in der Schweiz

02. Juli 2008: Frank bei seinem Hobby,
dem Bergwandern, in der Alpenwelt Karwendel in Mittenwald

10. November 2009: Frank und Steffi
in einer englischen Bar auf Barbados, Karibik

06.11.2009:
Frank als Neptun auf der AIDAvita

28. Mai 2010: Frank frischte hier in „Hütten"
alte Erinnerungen vom 22.12.1978 auf

15. September 2010: Fliegender Wechsel auf dem Kongress in Hannover. Frank Wilde geht als Speaker von der Bühne. Ottmar Hitzfeld kommt als Speaker auf die Bühne

15. September 2010: Mario und Frank Wilde verfolgen
den Vortrag von Ottmar Hitzfeld in Hannover

15. September 2010: Frank stellte sich einem
Interview nach seinem Vortrag auf dem Kongress in Hannover

02. Oktober 2010: Felix Gottwald, der dreifache Goldmedaillen-Gewinner für Österreich und Frank Wilde tauschen ihre Bücher auf dem Motivationsday in Salzburg

03. Oktober 2010: Frank will doch seinem Chihuahua Butzi nicht ins Ohr beißen?

13. Oktober 2010: Frank tritt im Saal der
Kölner IHK vor mehr als 700 Auszubildenden auf

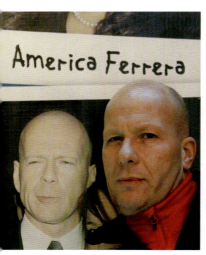

21. Oktober 2010: Bruce Willis
und Frank Wilde im Planet Hollywood in New York, USA

21. Oktober 2010: Rocky Balboa
VS Frank Wilde im Planet Hollywood
in New York, USA

22. Oktober 2010: Frank trägt stolz sein neues
Weihnachtsmützchen auf dem Time Square in New York, USA

23. Oktober 2010: Frank im 82. Stock
vom Empire State Building in New York, USA

23. Oktober 2010:
Frank besucht die Wall Street in New York, USA

27. Oktober 2010: Frank erreicht nach dem heftigsten Regen,
den er je erlebt hat, völlig durchnässt das Weiße Haus in Washington D.C.

31. Oktober 2010: Frank in den Schuhen
von Forrest Gump in der Bayside in Miami, USA

01.11.2010: Frank geht auf Tuchfühlung
bei einer Schaufensterpuppe in Nassau, Bahamas

17. Dezember 2010: Frank stellt sich vor dem
Bass Pro Shop in Fort Lauderdale, USA, einer Herausforderung

06. Januar 2011: Frank küsst die AIDAluna
im Hafen von Cozumel, Mexico

01. März 2011:
Frank zu Gast bei einem Mönch in Koh Samui, Thailand

05. März 2011: Frank vor dem BMW Sauber F1 Car
in den Petronas Towers von Kuala Lumpur, Malaysia

11. März 2011: Frank wundert sich über
tausende von Mopeds in Ho-Chi-Minh-Stadt, Vietnam (Saigon)

15. März 2011: Frank Hand in Hand mit einer
Buddha Statue im Wat Po Kloster in Bangkok, Thailand

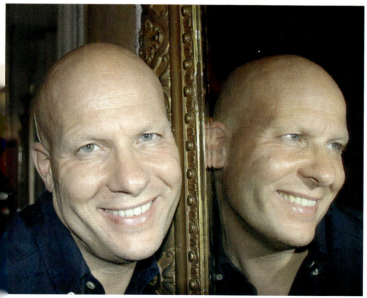

7. April 2011: Frank spiegelt sich in dem Teatro Amazonas, Brasilien. Besser bekannt als
die Oper von Manaus, dem zweitgrößten Opernhaus der Welt, die 1896 erbaut wurde